党的农村工作相关规定
学习手册

法律出版社法规中心 编

法律出版社
LAW PRESS · CHINA

图书在版编目(CIP)数据

党的农村工作相关规定学习手册 / 法律出版社法规中心编. -- 北京 : 法律出版社, 2019(2021.10 重印)
ISBN 978-7-5197-3865-5

Ⅰ.①党… Ⅱ.①法… Ⅲ.①中国共产党-农村-基层组织-工作-手册 Ⅳ.①D267.2-62

中国版本图书馆 CIP 数据核字(2019)第 200495 号

党的农村工作相关规定学习手册
DANGDE NONGCUN GONGZUO XIANGGUAN GUIDING XUEXI SHOUCE

法律出版社法规中心 编

策划编辑 张发靖
责任编辑 李争春
装帧设计 臧晓飞

出版发行 法律出版社
编辑统筹 法规出版分社
责任校对 张红蕊
责任印制 张建伟
经　　销 新华书店

开本 A5
印张 8　**字数** 131 千
版本 2019 年 9 月第 1 版
印次 2021 年 10 月第 5 次印刷
印刷 三河市龙大印装有限公司

地址:北京市丰台区莲花池西里 7 号(100073)
网址:www.lawpress.com.cn
投稿邮箱:info@lawpress.com.cn
举报盗版邮箱:jbwq@lawpress.com.cn
销售电话:010-83938349
客服电话:010-83938350
咨询电话:010-63939796

书号:ISBN 978-7-5197-3865-5
定价:28.00 元
凡购买本社图书,如有印装错误,我社负责退换。电话:010-83938349

目　　录

中国共产党农村工作条例

（2019 年 8 月 19 日）

第一章 总 则

第一条 为了坚持和加强党对农村工作的全面领导，贯彻党的基本理论、基本路线、基本方略，深入实施乡村振兴战略，提高新时代党全面领导农村工作的能力和水平，根据《中国共产党章程》，制定本条例。

第二条 党的农村工作必须高举中国特色社会主义伟大旗帜，坚持以马克思列宁主义、毛泽东思想、邓小平理论、“三个代表”重要思想、科学发展观、习近平新时代中国特色社会主义思想为指导，增强政治意识、大局意识、核心意识、看齐意识，坚定道路自信、理论自信、制度自信、文化自信，坚决维护习近平总书记党中央的核心、全党的核心地位，坚决维护党中央权威和集中统一领导，紧紧围绕统筹推进“五位一体”总体布局和协调推进“四个全面”战略布局，坚持稳中求进工作总基调，贯彻新发展理念，落实高质量发展要求，以实施乡村振兴战略为总抓手，健全党领导农村工作的组织体系、制度体系和工作机制，加快推进乡村治理体系和治理能力现代化，加快推进农业农村现代化，让广大农民过上更加美好的生活。

第三条 农业农村农民（以下简称“三农”）问题是关系国计民生的根本性问题。坚持把解决好“三农”问题作为全党工作重中之重，把解决好吃饭问题作为治国安邦的头等大事，坚持农业农村优先发展，坚持多予少取放活，推动城乡融合发展，集中精力做好脱贫攻坚、防贫减贫工作，走共同富裕道路。

第四条 党的农村工作必须遵循以下原则：

（一）坚持党对农村工作的全面领导，确保党在农村工作中总揽全局、协调各方，保证农村改革发展沿着正确的方向前进；

（二）坚持以人民为中心，尊重农民主体地位和首创精神，切实保障农民物质利益和民主权利，把农民拥护不拥护、支持不支持作为制定党的农村政策的依据；

（三）坚持巩固和完善农村基本经营制度，夯实党的农村政策基石；

（四）坚持走中国特色社会主义乡村振兴道路，推进乡村产业振兴、人才振兴、文化振兴、生态振兴、组织振兴；

（五）坚持教育引导农民听党话、感党恩、跟党走，把农民群众紧紧团结在党的周围，筑牢党在农村的执政基础；

（六）坚持一切从实际出发，分类指导、循序渐进，不搞强迫命令、不刮风、不一刀切。

第二章　组织领导

第五条　实行中央统筹、省负总责、市县乡抓落实的农村工作领导体制。

第六条　党中央全面领导农村工作，统一制定农村工作大政方针，统一谋划农村发展重大战略，统一部署农村重大改革。党中央定期研究农村工作，每年召开农村工作会议，根据形势任务研究部署农村工作，制定出台指导农村工作的文件。

第七条　党中央设立中央农村工作领导小组，在中央政治局及其常务委员会的领导下开展工作，对党中央负责，向党中央和总书记请示报告工作。

中央农村工作领导小组发挥农村工作牵头抓总、统筹协调等作用，定期分析农村经济社会形势，研究协调“三农”重大问题，督促落实党中央关于农村工作重要决策部署。

中央农村工作领导小组各成员单位应当加强对本单位

本系统农村工作的领导，落实职责任务，加强部门协同，形成农村工作合力。

中央农村工作领导小组下设办公室，承担中央农村工作领导小组日常事务。

第八条 省（自治区、直辖市）党委应当定期研究本地区农村工作，定期听取农村工作汇报，决策农村工作重大事项，召开农村工作会议，制定出台农村工作政策举措，抓好重点任务分工、重大项目实施、重要资源配置等工作。

第九条 市（地、州、盟）党委应当把农村工作摆上重要议事日程，做好上下衔接、域内协调、督促检查工作，发挥好以市带县作用。

第十条 县（市、区、旗）党委处于党的农村工作前沿阵地，应当结合本地区实际，制定具体管用的工作措施，建立健全职责清晰的责任体系，贯彻落实党中央以及上级党委关于农村工作的要求和决策部署。县委书记应当把主要精力放在农村工作上，深入基层调查研究，加强统筹谋划，狠抓工作落实。

第十一条 县级以上地方党委应当设立农村工作领导小组，省市级农村工作领导小组一般由同级党委副书记任组长，县级农村工作领导小组由县委书记任组长，其成员由党委和政府有关负责人以及相关部门主要负责人组成。

第十二条 加强各级党委农村工作部门建设，做好机构设置和人员配置工作。各级党委农村工作部门履行决策参谋、统筹协调、政策指导、推动落实、督导检查等职能。

第十三条 各级党委应当完善农村工作领导决策机制，注重发挥人大代表和政协委员作用，注重发挥智库和专业研究机构作用，提高决策科学化水平。

第三章 主要任务

第十四条 加强党对农村经济建设的领导。巩固和加强农业基础地位，实施藏粮于地、藏粮于技战略，严守耕地红线，确保谷物基本自给、口粮绝对安全。深化农业供给侧结构性改革，构建现代农业产业体系、生产体系、经营体系，促进农村一二三产业融合发展，发展壮大农村集体经济，促进农民持续增收致富。坚决打赢脱贫攻坚战，巩固和扩大脱贫攻坚成果。

第十五条 加强党对农村社会主义民主政治建设的领导。完善基层民主制度，深化村民自治实践，健全村党组织领导的充满活力的村民自治机制，丰富基层民主协商形式，保证农民依法实行民主选举、民主协商、民主决策、民主管理、民主监督。严厉打击农村黑恶势力、宗族恶势力，严厉打击各类违法犯罪，严厉打击暴力恐怖活动，保障人民生命财产安全,促进农村社会公平正义。坚决取缔各类非法宗教传播活动,巩固农村基层政权。

第十六条 加强党对农村社会主义精神文明建设的领导。培育和践行社会主义核心价值观,在农民群众中深入开展中国特色社会主义、习近平新时代中国特色社会主义思想宣传教育,建好用好新时代文明实践中心。加强农村思想道德建设,传承发展提升农村优秀传统文化,推进移风易俗。加强农村思想政治工作,广泛开展民主法治教育。深入开展农村群众性精神文明创建活动,丰富农民精神文化生活,提高农民科学文化素质和乡村社会文明程度。

第十七条 加强党对农村社会建设的领导。坚持保障和改善农村民生,大力发展教育、医疗卫生、养老、文化体育、社会保障等农村社会事业,加快改善农村公共基础设施和基本公共服务条件,提升农民生活质量。建立健全党委领导、政府负责、社会协同、公众参与、法治保障、科技支撑的现代乡村社会治理体制,健全党组织领导下的自治、法治、德治相结合的乡村治理体系,建设充满活力、和谐有序的乡村社会。

第十八条 加强党对农村生态文明建设的领导。牢固树立和践行绿水青山就是金山银山的发展理念,统筹山水林田湖草系统治理,促进农业绿色发展,加强农村生态环境保护,改善农村人居环境,建设生态宜居美丽乡村。

第十九条 加强农村党的建设。以提升组织力为重点,突出政治功能,把农村基层党组织建设成为宣传党的主张、贯彻党的决定、领导基层治理、团结动员群众、推动改革发展的坚强战斗堡垒,发挥党员先锋模范作用。坚持农村基层党组织领导地位不动摇,乡镇党委和村党组织全面领导乡镇、村的各类组织和各项工作。村党组织书记应当通过法定程序担任村民委员会主任和村级集体经济组织、合作经济组织负责人,推行村"两委"班子成员交叉任职。加强村党组织对共青团、妇联等群团组织的领导,发挥它们的积极作用。健全村党组织领导下的议事决策机制、监督机制,建立健全村务监督委员会,村级重大事项决策实行"四议两公开"。各级党委特别是县级党委应当认真履行农村基层党建主体责任,坚持抓乡促村,选优配强村党组织书记,整顿软弱涣散村党组织,加强党内激励关怀帮扶,健全以财政投入为主的稳定的村级组织运转经费保障制度,持续加强基本队伍、基本活动、基本阵地、基本制度、基本保障建设。

各级党委应当推动全面从严治党向基层延伸,深入推进农村党风廉政建设,加强农村纪检监察工作,把落实农村政策情况作为巡视巡察重要内容,建立健全农村权力运行监督制度,持续整治侵害农民利益的不正之风和群众身边的腐败问题。

第四章　队伍建设

第二十条　各级党委应当把懂农业、爱农村、爱农民作为基本要求，加强农村工作队伍建设。

各级党委和政府主要负责人应当懂“三农”、会抓“三农”，分管负责人应当成为抓“三农”的行家里手。加强农村工作干部队伍的培养、配备、管理、使用，健全培养锻炼制度，选派优秀干部到县乡挂职任职、到村担任第一书记，把到农村一线工作锻炼、干事创业作为培养干部的重要途径，注重提拔使用实绩优秀的农村工作干部。

农村工作干部应当增强做群众工作的本领，改进工作作风，深入基层，认真倾听农民群众呼声，不断增进与农民群众的感情，坚决反对“四风”特别是形式主义、官僚主义。

第二十一条　各级党委应当加强农村人才队伍建设。建立县域专业人才统筹使用制度和农村人才定向委托培养制度。大力提高乡村教师、医生队伍素质。加强农业科技人才队伍和技术推广队伍建设。培养一支有文化、懂技术、善经营、会管理的高素质农民队伍，造就更多乡土人才。

第二十二条　各级党委应当发挥工会、共青团、妇联、科协、残联、计生协等群团组织的优势和力量，发挥各民主党派、工商联、无党派人士等积极作用，支持引导农村社会工作和志愿服务发展，鼓励社会各界投身乡村振兴。

第五章　保障措施

第二十三条　各级党委应当注重发挥改革对农业农村发展的推动作用。以处理好农民和土地的关系为主线推动深化农村改革，坚持农村土地农民集体所有，坚持家庭经营基础性地位，坚持保持土地承包关系稳定并长久不变，健全符合社会主义市场经济要求的农村经济体制，把实现好、维护好、发展好广大农民的根本利益作为出发点和落脚点，与时俱进推动“三农”理论创新、实践创新、制度创新，调动亿万农民的积极性、主动性、创造性，不断解放和发展农村社会生产力。

第二十四条　各级党委应当注重发挥投入对农业农村发展的支撑作用。推动建立“三农”财政投入稳定增长机制，加大强农惠农富农政策力度，完善农业支持保护制度，健全商业性金融、合作性金融、政策性金融相结合的农村金融服务体系，拓宽资金筹措渠道，确保“三农”投入力度不断增强、总量持续增加。

第二十五条　各级党委应当注重发挥科技教育对农业农村发展的引领作用。深入实施科教兴农战略，健全国家农业科技创新体系、现代农业教育体系、农业技术推广服务体系，把农业农村发展转到创新驱动发展的轨道上来。

第二十六条 各级党委应当注重发挥乡村规划对农业农村发展的导向作用。坚持规划先行，突出乡村特色，保持乡村风貌，加强各类规划统筹管理和系统衔接，推动形成城乡融合、区域一体、多规合一的规划体系，科学有序推进乡村建设发展。

第二十七条 各级党委应当注重发挥法治对农业农村发展的保障作用。坚持法治思维，增强法治观念，健全农业农村法律体系，加强农业综合执法，保障农民合法权益，自觉运用法治方式深化农村改革、促进农村发展、维护农村稳定，提高党领导农村工作法治化水平。

第六章　考核监督

第二十八条 健全五级书记抓乡村振兴考核机制。地方各级党委和政府主要负责人、农村基层党组织书记是本地区乡村振兴工作第一责任人。上级党委和政府应当对下级党委和政府主要负责人、农村基层党组织书记履行第一责任人职责情况开展督查考核，并将考核结果作为干部选拔任用、评先奖优、问责追责的重要参考。

第二十九条 各省（自治区、直辖市）党委和政府每年向党中央、国务院报告乡村振兴战略实施情况，省以下各级党委和政府每年向上级党委和政府报告乡村振兴战略实施情况。

第三十条 实行市县党政领导班子和领导干部推进乡村振兴战略实绩考核制度，将抓好农村工作特别是推进乡村振兴战略实绩、贫困县精准脱贫成效作为政绩考核的重要内容，由上级党委统筹安排实施，考核结果作为对市县党政领导班子和有关领导干部综合考核评价的重要依据。

第三十一条 地方各级党政领导班子和主要负责人不履行或者不正确履行农村工作职责的，应当依照有关党内法规和法律法规予以问责；对农村工作履职不力、工作滞后的，上级党委应当约谈下级党委，本级党委应当约谈同级有关部门。

第三十二条 中央和地方党政机关各涉农部门应当认真履行贯彻落实党中央关于农村工作各项决策部署的职责，贴近基层服务农民群众，不得将部门职责转嫁给农村基层组织。不履行或者不正确履行职责的，应当依照有关党内法规和法律法规予以问责。

第三十三条 各级党委应当建立激励机制，鼓励干部敢于担当作为、勇于改革创新、乐于奉献为民，按照规定表彰和奖励在农村工作中作出突出贡献的集体和个人。

第七章　附　　则

第三十四条 各省（自治区、直辖市）党委可以根据本条例,结合本地区情况制定实施办法。

第三十五条 本条例由中央农村工作领导小组办公室负责解释。

第三十六条 本条例自 2019 年 8 月 19 日起施行。

中国共产党农村基层组织工作条例

（2018 年 12 月 28 日）

第一章　总　　则

第一条　农村工作在党和国家事业全局中具有重要战略地位，是全党工作的重中之重。为了认真贯彻落实新时代党的建设总要求和新时代党的组织路线，坚持和加强党对农村工作的全面领导，深入实施乡村振兴战略，推动全面从严治党向基层延伸，提高党的农村基层组织建设质量，为新时代乡村全面振兴提供坚强政治和组织保证，根据《中国共产党章程》，制定本条例。

第二条　乡镇党的委员会（以下简称乡镇党委）和村党组织（村指行政村）是党在农村的基层组织，是党在农村全部工作和战斗力的基础，全面领导乡镇、村的各类组织和各项工作。必须坚持党的农村基层组织领导地位不动摇。

第三条　党的农村基层组织必须高举中国特色社会主

义伟大旗帜，坚持以马克思列宁主义、毛泽东思想、邓小平理论、“三个代表”重要思想、科学发展观、习近平新时代中国特色社会主义思想为指导，坚决维护习近平总书记党中央的核心、全党的核心地位，坚决维护党中央权威和集中统一领导，牢固树立“四个意识”，坚定“四个自信”，做到“四个服从”，坚持党要管党、全面从严治党，以提升组织力为重点，突出政治功能，努力成为宣传党的主张、贯彻党的决定、领导基层治理、团结动员群众、推动改革发展的坚强战斗堡垒。

第二章　组 织 设 置

第四条　乡镇应当设立党的基层委员会。乡镇党委每届任期 5 年，由党员大会或者党员代表大会选举产生。

第五条　以村为基本单元设置党组织。有正式党员 3 人以上的村，应当成立党支部；不足 3 人的，可以与邻近村联合成立党支部。党员人数超过 50 人的村，或者党员人数虽不足 50 人、确因工作需要的村，可以成立党的总支部。党员人数 100 人以上的村，根据工作需要，经县级地方党委批准，可以成立党的基层委员会，下设若干党支部；村党的委员会受乡镇党委领导。

村党的委员会、总支部委员会、支部委员会每届任期 5 年，由党员大会选举产生。党员人数 500 人以上的村党的委员会，经乡镇党委批准，可以由党员代表大会选举产生。

第六条 县以上有关部门驻乡镇的单位，应当根据党员人数和工作需要成立党的基层组织。这些党组织，除党中央另有规定的以外，受乡镇党委领导。

第七条 农村经济组织、社会组织具备单独成立党组织条件的，根据工作需要，可以成立党组织，一般由所在村党组织或者乡镇党委领导。在跨村跨乡镇的经济组织、社会组织中成立的党组织，由批准其成立的上级党组织或者县级党委组织部门确定隶属关系。

村改社区应当同步调整或者成立党组织。

村及以下成立或者撤销党组织，必须经乡镇党委或者以上党组织批准。

第八条 乡镇党委一般设委员 7 至 9 名，其中书记 1 名、副书记 2 至 3 名，应当设组织委员、宣传委员，纪委书记由党委委员兼任。党委委员按照乡镇领导职务配备，应当进行合理分工，保证各项工作有人负责。

村党的支部委员会一般设委员 3 至 5 名，其中书记 1 名，必要时可以设副书记 1 名；正式党员不足 7 人的支部，不设支部委员会。村党的总支部委员会一般设委员 5 至 7 名，其中书记 1 名、副书记 1 名、纪检委员 1 名。村党的委员会一般设委员 5 至 7 名，最多不超过 9 名，其中书记 1 名、副书记 1 至 2 名、纪委书记 1 名。

第三章　职 责 任 务

第九条　乡镇党委的主要职责是：

（一）宣传和贯彻执行党的路线方针政策和党中央、上级党组织及本乡镇党员代表大会（党员大会）的决议。

（二）讨论和决定本乡镇经济建设、政治建设、文化建设、社会建设、生态文明建设和党的建设以及乡村振兴中的重大问题。需由乡镇政权机关或者集体经济组织决定的重要事项，经乡镇党委研究讨论后，由乡镇政权机关或者集体经济组织依照法律和有关规定作出决定。

（三）领导乡镇政权机关、群团组织和其他各类组织，加强指导和规范，支持和保证这些机关和组织依照国家法律法规以及各自章程履行职责。

（四）加强乡镇党委自身建设和村党组织建设，以及其他隶属乡镇党委的党组织建设，抓好发展党员工作，加强党员队伍建设。维护和执行党的纪律，监督党员干部和其他任何工作人员严格遵守国家法律法规。

（五）按照干部管理权限，负责对干部的教育、培训、选拔、考核和监督工作。协助管理上级有关部门驻乡镇单位的干部。做好人才服务和引进工作。

（六）领导本乡镇的基层治理，加强社会主义民主法治建设和精神文明建设，加强社会治安综合治理，做好生态环保、美丽乡村建设、民生保障、脱贫致富、民族宗教等工作。

第十条 村党组织的主要职责是：

（一）宣传和贯彻执行党的路线方针政策和党中央、上级党组织及本村党员大会（党员代表大会）的决议。

（二）讨论和决定本村经济建设、政治建设、文化建设、社会建设、生态文明建设和党的建设以及乡村振兴中的重要问题并及时向乡镇党委报告。需由村民委员会提请村民会议、村民代表会议决定的事情或者集体经济组织决定的重要事项，经村党组织研究讨论后，由村民会议、村民代表会议或者集体经济组织依照法律和有关规定作出决定。

（三）领导和推进村级民主选举、民主决策、民主管理、民主监督，推进农村基层协商，支持和保障村民依法开展自治活动。领导村民委员会以及村务监督委员会、村集体经济组织、群团组织和其他经济组织、社会组织，加强指导和规范，支持和保证这些组织依照国家法律法规以及各自章程履行职责。

（四）加强村党组织自身建设，严格组织生活，对党员进行教育、管理、监督和服务。负责对要求入党的积极分子进行教育和培养，做好发展党员工作。维护和执行党的纪律。

加强对村、组干部和经济组织、社会组织负责人的教育、管理和监督，培养村级后备力量。做好本村招才引智等工作。

（五）组织群众、宣传群众、凝聚群众、服务群众，经常了解群众的批评和意见，维护群众正当权利和利益，加强对群众的教育引导，做好群众思想政治工作。

（六）领导本村的社会治理，做好本村的社会主义精神文明建设、法治宣传教育、社会治安综合治理、生态环保、美丽村庄建设、民生保障、脱贫致富、民族宗教等工作。

第十一条 党员人数较多的村党支部，可以划分若干党小组。党小组在支部委员会领导下开展工作，组织党员学习和参加组织生活，检查党员履行义务、行使权利和执行支部委员会、党员大会决议的情况，反映党员、群众的意见。

第四章 经济建设

第十二条 党的农村基层组织应当加强对经济工作的领导，坚持以经济建设为中心，贯彻创新、协调、绿色、开放、共享的发展理念，加快推进农业农村现代化，持续增加农民收入，不断满足群众对美好生活的需要。具体任务包括：

（一）坚持以公有制为主体、多种所有制经济共同发展的基本经济制度，巩固和完善农村基本经营制度，坚持农村土地集体所有,坚持家庭经营基础性地位,坚持稳定土地承包关系,走共同富裕之路。

（二）稳定发展粮食生产,发展多种经营应当同支持和促进粮食生产相结合。

（三）推动乡村产业振兴,推进农村一二三产业融合发展,让农民合理分享全产业链增值收益。

（四）坚持绿水青山就是金山银山理念,实现农业农村绿色发展、可持续发展。

（五）领导制定本地经济发展规划,组织、动员各方面力量保证规划实施。

（六）组织党员、群众学习农业科学技术知识,运用科技发展经济。吸引各类人才到农村创业创新。

第十三条 党的农村基层组织应当动员和带领群众全力打赢脱贫攻坚战,如期实现脱贫目标,巩固发展脱贫攻坚成果、防止返贫,组织发展乡村致富产业,推动农民就业创业,教育引导农民既“富口袋”又“富脑袋”,依靠自己的辛勤劳动创造幸福美好生活。

第十四条 党的农村基层组织应当因地制宜推动发展壮大集体经济,领导和支持集体经济组织管理集体资产,协调利益关系,组织生产服务和集体资源合理开发,确保集体资产保值增值,确保农民受益。

第五章　精神文明建设

第十五条　党的农村基层组织应当组织群众学习习近平新时代中国特色社会主义思想，培育和践行社会主义核心价值观，开展中国特色社会主义和实现中华民族伟大复兴的中国梦宣传教育，爱国主义、集体主义和社会主义教育，党的路线方针政策教育，思想道德和民主法治教育，引导农民正确处理国家、集体、个人三者之间的利益关系，培养有理想、有道德、有文化、有纪律的新型农民。

党的农村基层组织应当加强群众培训，通过新时代文明实践中心（所、站）、农民夜校等渠道，深入宣传教育群众，用中国特色社会主义文化、社会主义思想道德牢牢占领农村思想文化阵地。

第十六条　党的农村基层组织应当改善农村人居环境，倡导文明健康生活方式。传承发展提升农村优秀传统文化，保护传统村落，加强农村文化设施建设，开展健康有益的文体活动。改善办学条件，普及义务教育。开展文明村镇、文明家庭创建活动，破除封建迷信和陈规陋习，推进移风易俗，弘扬时代新风。

第十七条　党的农村基层组织应当加强和改进思想政治工作。宣传党组织和党员先进事迹，宣传好人好事，弘扬真善美，传播正能量。了解群众思想状况，帮助解决实际困难，引导群众自觉听党话、感党恩、跟党走。

第十八条 党的农村基层组织应当加强对党员、群众的无神论宣传教育，引导党员、群众自觉抵制腐朽落后文化侵蚀，弘扬科学精神，普及科学知识。做好农村宗教工作，加强对信教群众的工作，管理好宗教活动场所，依法制止利用宗教干涉农村公共事务，坚决抵御非法宗教活动和境外渗透活动。必须在意识形态上站稳立场，旗帜鲜明反对各种错误观点，同一切歪风邪气、违法犯罪行为作斗争。

第六章 乡村治理

第十九条 党的农村基层组织应当加强对各类组织的统一领导，打造充满活力、和谐有序的善治乡村，形成共建共治共享的乡村治理格局。

村党组织书记应当通过法定程序担任村民委员会主任和村级集体经济组织、合作经济组织负责人，村“两委”班子成员应当交叉任职。村务监督委员会主任一般由党员担任，可以由非村民委员会成员的村党组织班子成员兼任。村民委员会成员、村民代表中党员应当占一定比例。

村级重大事项决策实行“四议两公开”，即村党组织提议、村“两委”会议商议、党员大会审议、村民会议或者村民代表会议决议，决议公开、实施结果公开。

第二十条 党的农村基层组织应当健全党组织领导的自治、法治、德治相结合的乡村治理体系。深化村民自治实践，制定完善村规民约，建立健全村务监督委员会，加强村级民主监督。推广新时代“枫桥经验”，推进乡村法治建设，提升乡村德治水平，建设平安乡村。

依法严厉打击农村黑恶势力、宗族恶势力、宗教极端势力、“村霸”，严防其侵蚀基层干部和基层政权。坚决惩治黑恶势力“保护伞”。

第二十一条 党的农村基层组织应当加强农村生态文明建设，组织党员、群众参与山水林田湖草系统治理，加强污染防治，保护生态环境，建设美丽乡村。

第二十二条 党的农村基层组织应当保障和改善民生，努力解决入园入托、上学、就业、看病、养老、居住、出行、饮水等群众最关心最直接最现实的利益问题，加强对贫困人口、留守儿童和妇女、老年人、残疾人、“五保户”等人群的关爱服务。投放农村的公共服务资源，应当以乡镇、村党组织为主渠道落实，保证有资源、有能力为群众服务。

注重运用现代信息技术，提升乡村治理智能化水平。

第七章 领导班子和干部队伍建设

第二十三条 农村基层干部应当认真学习和忠实践行

习近平新时代中国特色社会主义思想，学习党的基本理论、基本路线、基本方略，学习必备知识技能。懂农业，掌握“三农”政策，熟悉农村情况，有能力、有措施、有办法解决实际问题；爱农村，扎根农村基层，安身安心安业，甘于奉献、苦干实干；爱农民，对农民群众充满感情、始终放在心上，把农民群众的利益摆在第一位，与农民群众想在一起、干在一起，不断创造美好生活。

各级党组织应当注重加强农村基层干部教育培训，不断提高素质。县级党委每年至少对村党组织书记培训 1 次。

第二十四条 加强农村基层干部队伍作风建设。坚持实事求是，不准虚假浮夸；坚持依法办事，不准违法乱纪；坚持艰苦奋斗，不准奢侈浪费；坚持说服教育，不准强迫命令；坚持廉洁奉公，不准以权谋私。坚决反对形式主义、官僚主义、享乐主义和奢靡之风。

严格农村基层干部管理监督，坚决纠正损害群众利益行为，严厉整治群众身边腐败问题。

第二十五条 乡镇党委领导班子应当由信念坚定、为民服务、勤政务实、敢于担当、清正廉洁，善于结合实际开展工作的党员干部组成。乡镇党委书记还应当具备一定的理论和政策水平，坚持依法办事，具有较强的组织协调能力、群众工作能力、处理农村复杂问题的能力，熟悉党务工作和“三农”工作,带头实干、敢抓敢管。

注重从优秀村党组织书记、选调生、大学生村官、乡镇事业编制人员中选拔乡镇领导干部,从优秀村党组织书记中考录乡镇公务员、招聘乡镇事业编制人员。重视发现培养选拔优秀年轻干部、女干部和少数民族干部。

第二十六条 村党组织领导班子应当由思想政治素质好、道德品行好、带富能力强、协调能力强,公道正派、廉洁自律,热心为群众服务的党员组成。村党组织书记还应当具备一定的政策水平,坚持依法办事,善于做群众工作,甘于奉献、敢闯敢拼。

村党组织书记应当注重从本村致富能手、外出务工经商返乡人员、本乡本土大学毕业生、退役军人中的党员培养选拔。每个村应当储备村级后备力量。

村党组织书记由县级党委组织部门备案管理。

根据工作需要,上级党组织可以向村党组织选派第一书记。

第二十七条 党的农村基层组织领导班子应当坚定执行党的政治路线。始终在政治立场、政治方向、政治原则、政治道路上同以习近平同志为核心的党中央保持高度一致,组织推进农村深化改革,促进各项事业发展,维护社会和谐稳定,不断增强群众获得感、幸福感、安全感。

第二十八条　党的农村基层组织领导班子应当贯彻党的思想路线。反映情况、安排工作、决定事项必须实事求是，一切从实际出发，说实话、办实事、求实效。

第二十九条　党的农村基层组织领导班子应当贯彻新时代党的组织路线。全面加强农村基层组织体系建设，建强战斗堡垒，把党员组织起来，把人才凝聚起来，把群众动员起来，合力推动新时代乡村全面振兴。

第三十条　党的农村基层组织领导班子应当贯彻党的群众路线。决定重大事项要同群众商量，布置工作任务要向群众讲清道理；经常听取群众意见，不断改进工作；关心群众生产生活，维护群众的合法权益，切实减轻群众负担。

第三十一条　党的农村基层组织领导班子应当贯彻党的民主集中制，认真执行集体领导和个人分工负责相结合的制度。凡属重要问题，必须经过集体讨论决定，不允许个人或者少数人说了算。书记应当有民主作风，善于发挥每个委员的作用，敢于负责。委员应当积极参与和维护集体领导，主动做好分工负责的工作。

第三十二条　乡镇党委领导班子每年至少召开1次民主生活会，村党组织领导班子每年至少召开1次组织生活会，严肃认真地开展批评和自我批评，接受党员、群众的监督。

第八章　党员队伍建设

第三十三条　党的农村基层组织应当组织党员认真学习和忠实践行习近平新时代中国特色社会主义思想，推进"两学一做"学习教育常态化制度化，认真开展党内主题教育活动，学习党的基本理论、基本路线、基本方略，学习形势政策、科学文化、市场经济、党内法规和国家法律法规等知识。

县、乡两级党委应当加强农村党员教育培训，建好用好乡镇党校、党员活动室，注重运用现代信息技术开展党员教育。乡镇党委每年至少对全体党员分期分批集中培训1次。

第三十四条　党的农村基层组织应当严格党的组织生活。坚持"三会一课"制度，村党组织应当以党支部为单位，每月相对固定1天开展主题党日，组织党员学习党的文件、上党课，开展民主议事、志愿服务等，突出党性锻炼，防止表面化、形式化。党员领导干部应当定期为基层党员讲党课。

党支部应当经常开展谈心谈话。

第三十五条　党的农村基层组织应当坚持和完善民主评议党员制度。对优秀党员，进行表彰表扬；对不合格党员，加强教育帮助，依照有关规定，分别给予限期改正、劝其退党、党内除名等组织处置。

第三十六条　党的农村基层组织应当教育和监督党员

履行义务,尊重和保障党员的各项权利。推进党务公开,使党员对党内事务有更多的了解和参与。

第三十七条 党的农村基层组织应当加强和改进流动党员教育管理。流入地党组织应当及时将外来党员编入党的支部和小组,组织他们参加组织生活和党的活动。流出地党组织应当加强对外出党员的经常联系,可以在外出党员相对集中的地方建立流动党员党组织。

流动党员每半年至少向流出地党组织汇报 1 次在外情况。

第三十八条 党的农村基层组织应当严格执行党的纪律。经常对党员进行遵纪守法教育。党员违犯党的纪律,应当及时教育或者处理,问题严重的应当向上级党组织报告。对于受到党的纪律处分的,应当加强教育,帮助其改正错误。

第三十九条 党的农村基层组织应当按照控制总量、优化结构、提高质量、发挥作用的总要求和有关规定,把政治标准放在首位,做好发展党员工作。注重从青年农民、农村外出务工人员中发展党员,注意吸收妇女入党。

村级党组织发展党员必须经过乡镇党委审批。

第四十条 农村党员应当在社会主义物质文明建设和精神文明建设中发挥先锋模范作用,带头投身乡村振兴,带领群众共同致富。

党的农村基层组织应当组织开展党员联系农户、党员户挂牌、承诺践诺、设岗定责等活动,给党员分配适当的社会工作和群众工作,为党员发挥作用创造条件。

第九章　领导和保障

第四十一条　各级党委特别是县级党委应当高度重视党的农村基层组织建设,认真履行主体责任。

党的农村基层组织建设情况应当作为市县乡党委书记抓基层党建述职评议考核的重要内容,纳入巡视巡察工作内容,作为领导班子综合评价和领导干部选拔任用的重要依据。县级党委组织部门应当以足够精力抓好党的农村基层组织建设。

对党的农村基层组织建设重视不够、落实不力的,应当及时提醒、约谈;出现严重问题的,应当严肃问责追责。督促抓好问题的整改落实。

第四十二条　各级党委特别是县级党委应当坚持抓乡促村,持续加强基本队伍、基本活动、基本阵地、基本制度、基本保障建设,整顿软弱涣散村党组织,整乡推进、整县提升。

乡镇党委应当全面落实抓村级组织建设的直接责任。乡镇党委书记和党委领导班子其他成员应当包村联户,经常沉下去摸情况、查问题,及时研究解决。

第四十三条 乡镇工作机构设置和人员配备，应当坚持加强服务、密切联系群众、治理重心下移的原则，构建权责相称、简约高效的基层管理体制，保证乡镇工作力量。乡镇应当设立党建工作办公室或者党建工作站，配备专职组织员，配强党务力量。加强乡镇小食堂、小厕所、小澡堂、小图书室、小文体活动室和周转房建设，改善乡镇干部工作和生活条件。

第四十四条 各级党委应当健全以财政投入为主的稳定的村级组织运转经费保障制度，建立正常增长机制。落实村干部基本报酬，发放人数和标准应当依据有关规定、从实际出发合理确定，保障正常离任村干部生活补贴。落实村级组织办公经费、服务群众经费、党员活动经费。建好管好用好村级组织活动场所，整合利用各类资源，规范标识、挂牌，发挥“一室多用”的综合功能，服务凝聚群众，教育引导群众。

第四十五条 各级党组织应当满怀热情关心关爱农村基层干部和党员，政治上激励、工作上支持、待遇上保障、心理上关怀，宣传表彰优秀农村基层干部先进典型，彰显榜样力量，激励新担当新作为。

第十章 附 则

第四十六条 省、自治区、直辖市党委可以根据本条例，结合本地区情况制定实施办法。

第四十七条 本条例由中共中央组织部负责解释。

第四十八条 本条例自 2018 年 12 月 28 日起施行。1999 年 2 月 13 日中共中央印发的《中国共产党农村基层组织工作条例》同时废止。

中国共产党基层组织选举工作条例

（2020年7月13日）

第一章　总　　则

第一条　为了深入贯彻习近平新时代中国特色社会主义思想，贯彻落实新时代党的建设总要求和新时代党的组织路线，坚持和加强党的全面领导，坚持党要管党、全面从严治党，健全党的民主集中制，完善党内选举制度，增强基层党组织政治功能，提升基层党组织组织力，根据《中国共产党章程》和有关党内法规，制定本条例。

第二条　本条例适用于企业、农村、机关、学校、科研院所、街道社区、社会组织和其他基层单位设立的党的委员会、总支部委员会、支部委员会（含不设委员会的党支部），以及党的基层纪律检查委员会的选举工作。

第三条　党的基层组织设立的委员会任期届满应当按期进行换届选举。

如需延期或者提前进行换届选举，应当报上级党组织批准。延长或者提前期限一般不超过1年。

第四条 党的基层组织设立的委员会一般由党员大会选举产生。党员人数在500名以上或者所辖党组织驻地分散的,经上级党组织批准,可以召开党员代表大会进行选举。

第五条 正式党员有表决权、选举权、被选举权。受留党察看处分的党员在留党察看期间没有表决权、选举权和被选举权;预备党员没有表决权、选举权和被选举权。党员被依法留置、逮捕的,党组织应当按照管理权限中止其表决权、选举权和被选举权等党员权利。

第六条 选举应当充分发扬民主,尊重和保障党员的民主权利,体现选举人的意志。任何组织和个人不得以任何方式强迫选举人选举或者不选举某个人。

第二章 代表的产生

第七条 党员代表大会的代表应当自觉增强"四个意识"、坚定"四个自信"、做到"两个维护",遵守党章党规党纪和法律法规,具有履行职责的能力,能反映本选举单位的意见,代表党员的意志。

第八条 代表的名额一般为100名至200名,最多不超过300名。具体名额由召集党员代表大会的党组织按照有利于党员了解和直接参与党内事务，有利于讨论决定问题的原则确定，报上级党组织批准。

代表名额的分配根据所辖党组织数量、党员人数和代表具有广泛性的原则确定。优化代表结构，确保生产和工作一线代表比例。

大型国有企业、高等学校召开党员代表大会，其二级企业、直属单位党组织隶属其他地方或者单位党组织，且党员人数较多的，可以适当分配一定代表名额。

第九条　代表候选人的差额不少于应选人数的20%。

第十条　代表产生的主要程序是：

（一）从党支部开始推荐提名。根据多数党组织和党员的意见，提出代表候选人推荐人选。

（二）选举单位就代表候选人推荐人选与上级党组织沟通，提出代表候选人初步人选。采取适当方式加强审核把关，可以对代表候选人初步人选在一定范围内公示。

（三）选举单位研究确定代表候选人预备人选，报召开党员代表大会的党的基层委员会审查。

（四）选举单位召开党员大会或者党员代表大会，根据多数选举人的意见确定候选人，进行选举。

第十一条　上届党的委员会成立代表资格审查小组，负责对代表的产生程序和资格进行审查。

代表的产生不符合规定程序的，应当责成原选举单位重新进行选举；代表不具备资格的，应当责成原选举单位撤换。

代表资格审查小组应当向党员代表大会预备会议报告审查情况。经审查通过后的代表，获得正式资格。

第三章　委员会的产生

第十二条　党的基层组织设立的委员会委员候选人，按照德才兼备、以德为先和班子结构合理的原则提名。

不同领域、不同类型和不同层级党的基层组织，其委员候选人的条件，根据党中央精神和上级党组织要求，可以结合实际情况进一步细化。

第十三条　委员候选人的差额不少于应选人数的20%。

第十四条　党的总支部委员会、支部委员会委员的产生，由上届委员会根据多数党员的意见提出人选，报上级党组织审查同意后，组织党员酝酿确定候选人，在党员大会上进行选举。

第十五条　党的基层委员会和经批准设立的纪律检查委员会委员的产生，召开党员大会的，由上届党的委员会根据所辖多数党组织的意见提出人选，报上级党组织审查同意后，组织党员酝酿确定候选人，提交党员大会进行选举；召开党员代表大会的，由上届党的委员会根据所辖多数党组织的意见提出人选,报上级党组织审查同意后,提请大会主席团讨论通过,由大会主席团提交各代表团(组)酝酿讨论,根据多数代表的意见确定候选人,提交党员代表大会进行选举。

第十六条　党的基层组织设立的委员会的书记、副书记的产生,由上届委员会提出候选人,报上级党组织审查同意后,在委员会全体会议上进行选举。

不设委员会的党支部书记、副书记的产生,由全体党员充分酝酿,提出候选人,报上级党组织审查同意后进行选举。

第十七条　经批准设立常务委员会的委员会,其常务委员会委员候选人,由上届委员会按照比应选人数多 1 至 2 人的差额提出,报上级党组织审查同意后,在委员会全体会议上进行选举。

第十八条　委员会委员在任期内出缺,一般应当召开党员大会或者党员代表大会补选。

上级党的组织认为有必要时,可以调动或者指派下级党组织的负责人。

第四章　选举的实施

第十九条　进行选举时,有选举权的到会人数不少于应到会人数的五分之四,会议有效。

第二十条　召开党员大会进行选举,由上届委员会主持。

不设委员会的党支部进行选举,由上届党支部书记主持。

召开党员代表大会进行选举,由大会主席团主持。大会主席团成员由上届党的委员会或者各代表团(组)从代表中提名,经全体代表酝酿讨论,提交党员代表大会预备会议表决通过。

委员会第一次全体会议选举常务委员会委员和书记、副书记,召开党员代表大会的,由大会主席团指定 1 名新选出的委员主持;召开党员大会的,由上届委员会推荐 1 名新当选的委员主持。

第二十一条　选举前,选举单位的党组织或者大会主席团应当以适当方式将候选人的简历、工作实绩和主要优缺点向选举人作出实事求是的介绍,对选举人提出的询问作出负责的答复。根据选举人的要求,可以组织候选人与选举人见面,回答选举人提出的问题。

第二十二条　选举设监票人,负责对选举全过程进行监督。

党员大会或者党员代表大会选举的监票人,由全体党员或者各代表团(组)从不是候选人的党员或者代表中推选,经党员大会、党员代表大会或者大会主席团会议表决通过。

委员会选举的监票人,从不是书记、副书记、常务委员会委员候选人的委员中推选,经全体委员表决通过。

第二十三条 选举设计票人。计票人在监票人监督下进行工作。

第二十四条 选举采用无记名投票的方式。选票上的代表和委员、常务委员会委员候选人名单以姓氏笔画为序排列,书记、副书记候选人名单按照上级党组织批准的顺序排列。

选举人不能填写选票的,可以由本人委托非候选人按照选举人的意志代写。因故未出席会议的党员或者代表不能委托他人代为投票。

第二十五条 选举人对候选人可以投赞成票或者不赞成票,也可以弃权。投不赞成票者可以另选他人。

第二十六条 投票结束后,监票人、计票人应当将投票人数、发出选票数和收回选票数加以核对,作出记录,由监票人签字并报告被选举人的得票数。

第二十七条 选举收回的选票数,等于或者少于投票人数,选举有效;多于投票人数,选举无效,应当重新选举。

每一选票所选人数,等于或者少于规定应选人数的为有效票,多于规定应选人数的为无效票。

第二十八条 实行差额预选时,赞成票超过应到会有选举权人数半数的,方可列为正式候选人。

第二十九条 进行正式选举时,被选举人获得的赞成票超过应到会有选举权人数半数的，始得当选。

获得赞成票超过半数的被选举人数多于应选名额时，以得票多少为序，至取足应选名额为止。如遇票数相等不能确定当选人时，应当就票数相等的被选举人再次投票，得赞成票多的当选。

获得赞成票超过半数的被选举人数少于应选名额时，对不足的名额另行选举。如果接近应选名额，经半数以上选举人同意或者大会主席团决定，也可以减少名额，不再进行选举。

第三十条 被选举人得票情况，包括得赞成票、不赞成票、弃权票和另选他人等，预选时由监票人向上届委员会或者大会主席团报告，正式选举时由监票人向选举人报告。

第三十一条 当选人名单由会议主持人向选举人宣布。

当选的党员代表大会代表、委员会委员，其名单以姓氏笔画为序排列。

当选的常务委员会委员和书记、副书记，其名单按照上级党组织批准的顺序排列。

第五章 呈报审批

第三十二条 召开党员大会或者党员代表大会的请示，按照党组织隶属关系，报有审批权限的上级党组织审批。召开党员大会的，一般提前1个月报批；召开党员代表大会的，一般提前4个月报批。

第三十三条 新一届党的委员会和纪律检查委员会委员、常务委员会委员和书记、副书记候选人预备人选，一般于召开党员大会或者党员代表大会1个月前，报有审批权限的上级党组织审批。

第三十四条 选出的委员，报上级党组织备案；常务委员会委员和书记、副书记，报上级党组织批准。

纪律检查委员会选出的常务委员会委员和书记、副书记，经同级党的委员会通过后，报上级党组织批准。

第六章 纪律和监督

第三十五条 加强对党的基层组织选举工作的领导，坚持教育在先、警示在先、预防在先，严肃政治纪律、组织纪律以及换届工作纪律要求，强化制度意识、严格制度执行、维护制度权威，引导党员和代表正确行使民主权利，保证选举工作平稳有序。

落实全面从严治党责任，严禁拉帮结派、拉票贿选、跑风漏气等非组织行为，严防黑恶势力、宗族势力、宗教势力干扰破坏选举，强化监督检查和责任追究，确保选举工作风清气正。

第三十六条 本条例由上级党的委员会及其组织部门和上级党的纪律检查委员会负责监督实施，执行情况纳入巡视巡察监督工作内容。

第三十七条 在选举中，凡有违反党章和本条例规定行为的，必须认真查处，根据问题的性质和情节轻重，对有关党员给予批评教育直至纪律处分，对失职失责的党组织和党的领导干部进行问责。

第七章 附 则

第三十八条 选举单位应当根据本条例制定选举办法，经党员大会或者党员代表大会讨论通过后执行。

第三十九条 中国人民解放军和中国人民武装警察部队党的基层组织的选举，由中央军事委员会根据本条例的精神作出规定。

第四十条 本条例由中央组织部负责解释。

第四十一条 本条例自发布之日起施行。1990 年 6 月 27 日中共中央印发的《中国共产党基层组织选举工作暂行条例》同时废止。

中共中央、国务院关于实施乡村振兴战略的意见

（2018 年 1 月 2 日）

实施乡村振兴战略，是党的十九大作出的重大决策部署，是决胜全面建成小康社会、全面建设社会主义现代化国家的重大历史任务，是新时代“三农”工作的总抓手。现就实施乡村振兴战略提出如下意见。

一、新时代实施乡村振兴战略的重大意义

党的十八大以来，在以习近平同志为核心的党中央坚强领导下，我们坚持把解决好“三农”问题作为全党工作重中之重，持续加大强农惠农富农政策力度，扎实推进农业现代化和新农村建设，全面深化农村改革，农业农村发展取得了历史性成就，为党和国家事业全面开创新局面提供了重要支撑。5 年来，粮食生产能力跨上新台阶，农业供给侧结构性改革迈出新步伐，农民收入持续增长，农村民生全面改善，脱贫攻坚战取得决定性进展，农村生态文明建设显著加强，

农民获得感显著提升，农村社会稳定和谐。农业农村发展取得的重大成就和“三农”工作积累的丰富经验，为实施乡村振兴战略奠定了良好基础。

农业农村农民问题是关系国计民生的根本性问题。没有农业农村的现代化，就没有国家的现代化。当前，我国发展不平衡不充分问题在乡村最为突出，主要表现在：农产品阶段性供过于求和供给不足并存，农业供给质量亟待提高；农民适应生产力发展和市场竞争的能力不足，新型职业农民队伍建设亟需加强；农村基础设施和民生领域欠账较多，农村环境和生态问题比较突出，乡村发展整体水平亟待提升；国家支农体系相对薄弱，农村金融改革任务繁重，城乡之间要素合理流动机制亟待健全；农村基层党建存在薄弱环节，乡村治理体系和治理能力亟待强化。实施乡村振兴战略，是解决人民日益增长的美好生活需要和不平衡不充分的发展之间矛盾的必然要求，是实现“两个一百年”奋斗目标的必然要求，是实现全体人民共同富裕的必然要求。

在中国特色社会主义新时代，乡村是一个可以大有作为的广阔天地，迎来了难得的发展机遇。我们有党的领导的政治优势，有社会主义的制度优势，有亿万农民的创造精神，有强大的经济实力支撑，有历史悠久的农耕文明，有旺盛的市场需求，完全有条件有能力实施乡村振兴战略。必须立足国情农情，顺势而为，切实增强责任感使命感紧迫感，举全党全国全社会之力，以更大的决心、更明确的目标、更有力的举措，推动农业全面升级、农村全面进步、农民全面发展，谱写新时代乡村全面振兴新篇章。

二、实施乡村振兴战略的总体要求

（一）指导思想。全面贯彻党的十九大精神，以习近平新时代中国特色社会主义思想为指导，加强党对“三农”工作的领导，坚持稳中求进工作总基调，牢固树立新发展理念，落实高质量发展的要求，紧紧围绕统筹推进“五位一体”总体布局和协调推进“四个全面”战略布局，坚持把解决好“三农”问题作为全党工作重中之重，坚持农业农村优先发展，按照产业兴旺、生态宜居、乡风文明、治理有效、生活富裕的总要求，建立健全城乡融合发展体制机制和政策体系，统筹推进农村经济建设、政治建设、文化建设、社会建设、生态文明建设和党的建设，加快推进乡村治理体系和治理能力现代化，加快推进农业农村现代化，走中国特色社会主义乡村振兴道路，让农业成为有奔头的产业，让农民成为有吸引力的职业，让农村成为安居乐业的美丽家园。

（二）目标任务。按照党的十九大提出的决胜全面建成小康社会、分两个阶段实现第二个百年奋斗目标的战略安排，实施乡村振兴战略的目标任务是：

到2020年，乡村振兴取得重要进展，制度框架和政策体系基本形成。农业综合生产能力稳步提升，农业供给体系质量明显提高，农村一二三产业融合发展水平进一步提升；农民增收渠道进一步拓宽，城乡居民生活水平差距持续缩小；现行标准下农村贫困人口实现脱贫，贫困县全部摘帽，解决区域性整体贫困；农村基础设施建设深入推进，农村人居环境明显改善，美丽宜居乡村建设扎实推进；城乡基本公共服务均等化水平进一步提高，城乡融合发展体制机制初步建立；农村对人才吸引力逐步增强；农村生态环境明显好转，农业生态服务能力进一步提高；以党组织为核心的农村基层组织建设进一步加强，乡村治理体系进一步完善；党的农村工作领导体制机制进一步健全；各地区各部门推进乡村振兴的思路举措得以确立。

到2035年，乡村振兴取得决定性进展，农业农村现代化基本实现。农业结构得到根本性改善，农民就业质量显著提高，相对贫困进一步缓解，共同富裕迈出坚实步伐；城乡基本公共服务均等化基本实现，城乡融合发展体制机制更加完善；乡风文明达到新高度，乡村治理体系更加完善；农村生态环境根本好转，美丽宜居乡村基本实现。

到2050年，乡村全面振兴，农业强、农村美、农民富全面实现。

（三）基本原则

——坚持党管农村工作。毫不动摇地坚持和加强党对农村工作的领导，健全党管农村工作领导体制机制和党内法规，确保党在农村工作中始终总揽全局、协调各方，为乡村振兴提供坚强有力的政治保障。

——坚持农业农村优先发展。把实现乡村振兴作为全党的共同意志、共同行动，做到认识统一、步调一致，在干部配备上优先考虑，在要素配置上优先满足，在资金投入上优先保障，在公共服务上优先安排，加快补齐农业农村短板。

——坚持农民主体地位。充分尊重农民意愿，切实发挥农民在乡村振兴中的主体作用，调动亿万农民的积极性、主动性、创造性，把维护农民群众根本利益、促进农民共同富裕作为出发点和落脚点，促进农民持续增收，不断提升农民的获得感、幸福感、安全感。

——坚持乡村全面振兴。准确把握乡村振兴的科学内涵，挖掘乡村多种功能和价值，统筹谋划农村经济建设、政治建设、文化建设、社会建设、生态文明建设和党的建设，注重协同性、关联性，整体部署，协调推进。

——坚持城乡融合发展。坚决破除体制机制弊端，使市场在资源配置中起决定性作用，更好发挥政府作用，推动城乡要素自由流动、平等交换，推动新型工业化、信息化、城镇化、农业现代化同步发展,加快形成工农互促、城乡互补、全面融合、共同繁荣的新型工农城乡关系。

——坚持人与自然和谐共生。牢固树立和践行绿水青山就是金山银山的理念,落实节约优先、保护优先、自然恢复为主的方针,统筹山水林田湖草系统治理,严守生态保护红线,以绿色发展引领乡村振兴。

——坚持因地制宜、循序渐进。科学把握乡村的差异性和发展走势分化特征,做好顶层设计,注重规划先行、突出重点、分类施策、典型引路。既尽力而为,又量力而行,不搞层层加码,不搞一刀切,不搞形式主义,久久为功,扎实推进。

三、提升农业发展质量,培育乡村发展新动能

乡村振兴,产业兴旺是重点。必须坚持质量兴农、绿色兴农,以农业供给侧结构性改革为主线,加快构建现代农业产业体系、生产体系、经营体系,提高农业创新力、竞争力和全要素生产率,加快实现由农业大国向农业强国转变。

(一)夯实农业生产能力基础。深入实施藏粮于地、藏粮于技战略,严守耕地红线,确保国家粮食安全,把中国人的饭碗牢牢端在自己手中。全面落实永久基本农田特殊保护制度,加快划定和建设粮食生产功能区、重要农产品生产保护区,完善支持政策。大规模推进农村土地整治和高标准农田建设,稳步提升耕地质量,强化监督考核和地方政府责任。

加强农田水利建设,提高抗旱防洪除涝能力。实施国家农业节水行动,加快灌区续建配套与现代化改造,推进小型农田水利设施达标提质,建设一批重大高效节水灌溉工程。加快建设国家农业科技创新体系,加强面向全行业的科技创新基地建设。深化农业科技成果转化和推广应用改革。加快发展现代农作物、畜禽、水产、林木种业,提升自主创新能力。高标准建设国家南繁育种基地。推进我国农机装备产业转型升级,加强科研机构、设备制造企业联合攻关,进一步提高大宗农作物机械国产化水平,加快研发经济作物、养殖业、丘陵山区农林机械,发展高端农机装备制造。优化农业从业者结构,加快建设知识型、技能型、创新型农业经营者队伍。大力发展数字农业,实施智慧农业林业水利工程,推进物联网试验示范和遥感技术应用。

(二)实施质量兴农战略。制定和实施国家质量兴农战略规划,建立健全质量兴农评价体系、政策体系、工作体系和考核体系。深入推进农业绿色化、优质化、特色化、品牌化,调整优化农业生产力布局,推动农业由增产导向转向提质导向。推进特色农产品优势区创建,建设现代农业产业园、农业科技园。实施产业兴村强县行动,推行标准化生产,培育农产品品牌,保护地理标志农产品,打造一村一品、一县一业发展新格局。加快发展现代高效林业,实施兴林富民行动,推进森林生态标志产品建设工程。加强植物病虫害、动物疫病防控体系建设。优化养殖业空间布局,大力发展绿色生态健康养殖,做大做强民族奶业。统筹海洋渔业资源开发,科学布局近远海养殖和远洋渔业,建设现代化海洋牧场。建立产学研融合的农业科技创新联盟,加强农业绿色生态、提质增效技术研发应用。切实发挥农垦在质量兴农中的带动引领作用。实施食品安全战略,完善农产品质量和食品安全标准体系,加强农业投入品和农产品质量安全追溯体系建设,健全农产品质量和食品安全监管体制,重点提高基层监管能力。

(三)构建农村一二三产业融合发展体系。大力开发农业多种功能,延长产业链、提升价值链、完善利益链,通过保底分红、股份合作、利润返还等多种形式,让农民合理分享全产业链增值收益。实施农产品加工业提升行动,鼓励企业兼并重组,淘汰落后产能,支持主产区农产品就地加工转化增值。重点解决农产品销售中的突出问题,加强农产品产后分级、包装、营销,建设现代化农产品冷链仓储物流体系,打造农产品销售公共服务平台,支持供销、邮政及各类企业把服务网点延伸到乡村,健全农产品产销稳定衔接机制,大力建设具有广泛性的促进农村电子商务发展的基础设施,鼓励支持各类市场主体创新发展基于互联网的新型农业产业模式,深入实施电子商务进农村综合示范，加快推进农村流通现代化。实施休闲农业和乡村旅游精品工程，建设一批设施完备、功能多样的休闲观光园区、森林人家、康养基地、乡村民宿、特色小镇。对利用闲置农房发展民宿、养老等项目，研究出台消防、特种行业经营等领域便利市场准入、加强事中事后监管的管理办法。发展乡村共享经济、创意农业、特色文化产业。

（四）构建农业对外开放新格局。优化资源配置，着力节本增效，提高我国农产品国际竞争力。实施特色优势农产品出口提升行动，扩大高附加值农产品出口。建立健全我国农业贸易政策体系。深化与“一带一路”沿线国家和地区农产品贸易关系。积极支持农业走出去，培育具有国际竞争力的大粮商和农业企业集团。积极参与全球粮食安全治理和农业贸易规则制定，促进形成更加公平合理的农业国际贸易秩序。进一步加大农产品反走私综合治理力度。

（五）促进小农户和现代农业发展有机衔接。统筹兼顾培育新型农业经营主体和扶持小农户，采取有针对性的措施，把小农生产引入现代农业发展轨道。培育各类专业化市场化服务组织，推进农业生产全程社会化服务，帮助小农户节本增效。发展多样化的联合与合作，提升小农户组织化程度。注重发挥新型农业经营主体带动作用，打造区域公用品牌，开展农超对接、农社对接，帮助小农户对接市场。扶持小农户发展生态农业、设施农业、体验农业、定制农业，提高产品档次和附加值，拓展增收空间。改善小农户生产设施条件，提升小农户抗风险能力。研究制定扶持小农生产的政策意见。

四、推进乡村绿色发展，打造人与自然和谐共生发展新格局

乡村振兴，生态宜居是关键。良好生态环境是农村最大优势和宝贵财富。必须尊重自然、顺应自然、保护自然，推动乡村自然资本加快增值，实现百姓富、生态美的统一。

（一）统筹山水林田湖草系统治理。把山水林田湖草作为一个生命共同体，进行统一保护、统一修复。实施重要生态系统保护和修复工程。健全耕地草原森林河流湖泊休养生息制度，分类有序退出超载的边际产能。扩大耕地轮作休耕制度试点。科学划定江河湖海限捕、禁捕区域，健全水生生态保护修复制度。实行水资源消耗总量和强度双控行动。开展河湖水系连通和农村河塘清淤整治，全面推行河长制、湖长制。加大农业水价综合改革工作力度。开展国土绿化行动，推进荒漠化、石漠化、水土流失综合治理。强化湿地保护和恢复，继续开展退耕还湿。完善天然林保护制度，把所有天然林都纳入保护范围。扩大退耕还林还草、退牧还草，

建立成果巩固长效机制。继续实施三北防护林体系建设等林业重点工程,实施森林质量精准提升工程。继续实施草原生态保护补助奖励政策。实施生物多样性保护重大工程,有效防范外来生物入侵。

(二)加强农村突出环境问题综合治理。加强农业面源污染防治,开展农业绿色发展行动,实现投入品减量化、生产清洁化、废弃物资源化、产业模式生态化。推进有机肥替代化肥、畜禽粪污处理、农作物秸秆综合利用、废弃农膜回收、病虫害绿色防控。加强农村水环境治理和农村饮用水水源保护,实施农村生态清洁小流域建设。扩大华北地下水超采区综合治理范围。推进重金属污染耕地防控和修复,开展土壤污染治理与修复技术应用试点,加大东北黑土地保护力度。实施流域环境和近岸海域综合治理。严禁工业和城镇污染向农业农村转移。加强农村环境监管能力建设,落实县乡两级农村环境保护主体责任。

(三)建立市场化多元化生态补偿机制。落实农业功能区制度,加大重点生态功能区转移支付力度,完善生态保护成效与资金分配挂钩的激励约束机制。鼓励地方在重点生态区位推行商品林赎买制度。健全地区间、流域上下游之间横向生态保护补偿机制,探索建立生态产品购买、森林碳汇等市场化补偿制度。建立长江流域重点水域禁捕补偿制度。

推行生态建设和保护以工代赈做法,提供更多生态公益岗位。

(四)增加农业生态产品和服务供给。正确处理开发与保护的关系,运用现代科技和管理手段,将乡村生态优势转化为发展生态经济的优势,提供更多更好的绿色生态产品和服务,促进生态和经济良性循环。加快发展森林草原旅游、河湖湿地观光、冰雪海上运动、野生动物驯养观赏等产业,积极开发观光农业、游憩休闲、健康养生、生态教育等服务。创建一批特色生态旅游示范村镇和精品线路,打造绿色生态环保的乡村生态旅游产业链。

五、繁荣兴盛农村文化,焕发乡风文明新气象

乡村振兴,乡风文明是保障。必须坚持物质文明和精神文明一起抓,提升农民精神风貌,培育文明乡风、良好家风、淳朴民风,不断提高乡村社会文明程度。

(一)加强农村思想道德建设。以社会主义核心价值观为引领,坚持教育引导、实践养成、制度保障三管齐下,采取符合农村特点的有效方式,深化中国特色社会主义和中国梦宣传教育,大力弘扬民族精神和时代精神。加强爱国主义、集体主义、社会主义教育,深化民族团结进步教育,加强农村思想文化阵地建设。深入实施公民道德建设工程,挖掘农村传统道德教育资源,推进社会公德、职业道德、家庭美德、个

人品德建设。推进诚信建设，强化农民的社会责任意识、规则意识、集体意识、主人翁意识。

（二）传承发展提升农村优秀传统文化。立足乡村文明，吸取城市文明及外来文化优秀成果，在保护传承的基础上，创造性转化、创新性发展，不断赋予时代内涵、丰富表现形式。切实保护好优秀农耕文化遗产，推动优秀农耕文化遗产合理适度利用。深入挖掘农耕文化蕴含的优秀思想观念、人文精神、道德规范，充分发挥其在凝聚人心、教化群众、淳化民风中的重要作用。划定乡村建设的历史文化保护线，保护好文物古迹、传统村落、民族村寨、传统建筑、农业遗迹、灌溉工程遗产。支持农村地区优秀戏曲曲艺、少数民族文化、民间文化等传承发展。

（三）加强农村公共文化建设。按照有标准、有网络、有内容、有人才的要求，健全乡村公共文化服务体系。发挥县级公共文化机构辐射作用，推进基层综合性文化服务中心建设，实现乡村两级公共文化服务全覆盖，提升服务效能。深入推进文化惠民，公共文化资源要重点向乡村倾斜，提供更多更好的农村公共文化产品和服务。支持“三农”题材文艺创作生产，鼓励文艺工作者不断推出反映农民生产生活尤其是乡村振兴实践的优秀文艺作品，充分展示新时代农村农民的精神面貌。培育挖掘乡土文化本土人才，开展文化结对帮扶，引导社会各界人士投身乡村文化建设。活跃繁荣农村文化市场，丰富农村文化业态，加强农村文化市场监管。

（四）开展移风易俗行动。广泛开展文明村镇、星级文明户、文明家庭等群众性精神文明创建活动。遏制大操大办、厚葬薄养、人情攀比等陈规陋习。加强无神论宣传教育，丰富农民群众精神文化生活，抵制封建迷信活动。深化农村殡葬改革。加强农村科普工作，提高农民科学文化素养。

六、加强农村基层基础工作，构建乡村治理新体系

乡村振兴，治理有效是基础。必须把夯实基层基础作为固本之策，建立健全党委领导、政府负责、社会协同、公众参与、法治保障的现代乡村社会治理体制，坚持自治、法治、德治相结合，确保乡村社会充满活力、和谐有序。

（一）加强农村基层党组织建设。扎实推进抓党建促乡村振兴，突出政治功能，提升组织力，抓乡促村，把农村基层党组织建成坚强战斗堡垒。强化农村基层党组织领导核心地位，创新组织设置和活动方式，持续整顿软弱涣散村党组织，稳妥有序开展不合格党员处置工作，着力引导农村党员发挥先锋模范作用。建立选派第一书记工作长效机制，全面向贫困村、软弱涣散村和集体经济薄弱村党组织派出第一书记。实施农村带头人队伍整体优化提升行动，注重吸引高校毕业生、农民工、机关企事业单位优秀党员干部到村任职，选优配强村党组织书记。健全从优秀村党组织书记中选拔乡镇领导干部、考录乡镇机关公务员、招聘乡镇事业编制人员制度。加大在优秀青年农民中发展党员力度。建立农村党员定期培训制度。全面落实村级组织运转经费保障政策。推行村级小微权力清单制度,加大基层小微权力腐败惩处力度。严厉整治惠农补贴、集体资产管理、土地征收等领域侵害农民利益的不正之风和腐败问题。

(二)深化村民自治实践。坚持自治为基,加强农村群众性自治组织建设,健全和创新村党组织领导的充满活力的村民自治机制。推动村党组织书记通过选举担任村委会主任。发挥自治章程、村规民约的积极作用。全面建立健全村务监督委员会,推行村级事务阳光工程。依托村民会议、村民代表会议、村民议事会、村民理事会、村民监事会等,形成民事民议、民事民办、民事民管的多层次基层协商格局。积极发挥新乡贤作用。推动乡村治理重心下移,尽可能把资源、服务、管理下放到基层。继续开展以村民小组或自然村为基本单元的村民自治试点工作。加强农村社区治理创新。创新基层管理体制机制,整合优化公共服务和行政审批职责,打造"一门式办理""一站式服务"的综合服务平台。在村庄普遍建立网上服务站点,逐步形成完善的乡村便民服务体系。大力培育服务性、公益性、互助性农村社会组织,积极发展农村社会工作和志愿服务。集中清理上级对村级组织考核评比多、创建达标多、检查督查多等突出问题。维护村民委员会、农村集体经济组织、农村合作经济组织的特别法人地位和权利。

（三）建设法治乡村。坚持法治为本，树立依法治理理念，强化法律在维护农民权益、规范市场运行、农业支持保护、生态环境治理、化解农村社会矛盾等方面的权威地位。增强基层干部法治观念、法治为民意识，将政府涉农各项工作纳入法治化轨道。深入推进综合行政执法改革向基层延伸，创新监管方式，推动执法队伍整合、执法力量下沉，提高执法能力和水平。建立健全乡村调解、县市仲裁、司法保障的农村土地承包经营纠纷调处机制。加大农村普法力度，提高农民法治素养，引导广大农民增强尊法学法守法用法意识。健全农村公共法律服务体系，加强对农民的法律援助和司法救助。

（四）提升乡村德治水平。深入挖掘乡村熟人社会蕴含的道德规范，结合时代要求进行创新，强化道德教化作用，引导农民向上向善、孝老爱亲、重义守信、勤俭持家。建立道德激励约束机制，引导农民自我管理、自我教育、自我服务、自我提高，实现家庭和睦、邻里和谐、干群融洽。广泛开展好媳妇、好儿女、好公婆等评选表彰活动，开展寻找最美乡村教师、医生、村官、家庭等活动。深入宣传道德模范、身边好人的典型事迹,弘扬真善美,传播正能量。

（五）建设平安乡村。健全落实社会治安综合治理领导责任制,大力推进农村社会治安防控体系建设,推动社会治安防控力量下沉。深入开展扫黑除恶专项斗争,严厉打击农村黑恶势力、宗族恶势力,严厉打击黄赌毒盗拐骗等违法犯罪。依法加大对农村非法宗教活动和境外渗透活动打击力度,依法制止利用宗教干预农村公共事务,继续整治农村乱建庙宇、滥塑宗教造像。完善县乡村三级综治中心功能和运行机制。健全农村公共安全体系,持续开展农村安全隐患治理。加强农村警务、消防、安全生产工作,坚决遏制重特大安全事故。探索以网格化管理为抓手、以现代信息技术为支撑,实现基层服务和管理精细化精准化。推进农村"雪亮工程"建设。

七、提高农村民生保障水平,塑造美丽乡村新风貌

乡村振兴,生活富裕是根本。要坚持人人尽责、人人享有,按照抓重点、补短板、强弱项的要求,围绕农民群众最关心最直接最现实的利益问题,一件事情接着一件事情办,一年接着一年干,把乡村建设成为幸福美丽新家园。

（一）优先发展农村教育事业。高度重视发展农村义务教育,推动建立以城带乡、整体推进、城乡一体、均衡发展的

义务教育发展机制。全面改善薄弱学校基本办学条件,加强寄宿制学校建设。实施农村义务教育学生营养改善计划。发展农村学前教育。推进农村普及高中阶段教育,支持教育基础薄弱县普通高中建设,加强职业教育,逐步分类推进中等职业教育免除学杂费。健全学生资助制度,使绝大多数农村新增劳动力接受高中阶段教育、更多接受高等教育。把农村需要的人群纳入特殊教育体系。以市县为单位,推动优质学校辐射农村薄弱学校常态化。统筹配置城乡师资,并向乡村倾斜,建好建强乡村教师队伍。

(二)促进农村劳动力转移就业和农民增收。健全覆盖城乡的公共就业服务体系,大规模开展职业技能培训,促进农民工多渠道转移就业,提高就业质量。深化户籍制度改革,促进有条件、有意愿、在城镇有稳定就业和住所的农业转移人口在城镇有序落户,依法平等享受城镇公共服务。加强扶持引导服务,实施乡村就业创业促进行动,大力发展文化、科技、旅游、生态等乡村特色产业,振兴传统工艺。培育一批家庭工场、手工作坊、乡村车间,鼓励在乡村地区兴办环境友好型企业,实现乡村经济多元化,提供更多就业岗位。拓宽农民增收渠道,鼓励农民勤劳守法致富,增加农村低收入者收入,扩大农村中等收入群体,保持农村居民收入增速快于城镇居民。

（三）推动农村基础设施提档升级。继续把基础设施建设重点放在农村，加快农村公路、供水、供气、环保、电网、物流、信息、广播电视等基础设施建设，推动城乡基础设施互联互通。以示范县为载体全面推进“四好农村路”建设，加快实施通村组硬化路建设。加大成品油消费税转移支付资金用于农村公路养护力度。推进节水供水重大水利工程，实施农村饮水安全巩固提升工程。加快新一轮农村电网改造升级，制定农村通动力电规划，推进农村可再生能源开发利用。实施数字乡村战略，做好整体规划设计，加快农村地区宽带网络和第四代移动通信网络覆盖步伐，开发适应“三农”特点的信息技术、产品、应用和服务，推动远程医疗、远程教育等应用普及，弥合城乡数字鸿沟。提升气象为农服务能力。加强农村防灾减灾救灾能力建设。抓紧研究提出深化农村公共基础设施管护体制改革指导意见。

（四）加强农村社会保障体系建设。完善统一的城乡居民基本医疗保险制度和大病保险制度，做好农民重特大疾病救助工作。巩固城乡居民医保全国异地就医联网直接结算。完善城乡居民基本养老保险制度，建立城乡居民基本养老保险待遇确定和基础养老金标准正常调整机制。统筹城乡社会救助体系，完善最低生活保障制度，做好农村社会救助兜底工作。将进城落户农业转移人口全部纳入城镇住房保障体系。构建多层次农村养老保障体系，创新多元化照料服务模式。健全农村留守儿童和妇女、老年人以及困境儿童关爱服务体系。加强和改善农村残疾人服务。

（五）推进健康乡村建设。强化农村公共卫生服务，加强慢性病综合防控，大力推进农村地区精神卫生、职业病和重大传染病防治。完善基本公共卫生服务项目补助政策，加强基层医疗卫生服务体系建设，支持乡镇卫生院和村卫生室改善条件。加强乡村中医药服务。开展和规范家庭医生签约服务，加强妇幼、老人、残疾人等重点人群健康服务。倡导优生优育。深入开展乡村爱国卫生运动。

（六）持续改善农村人居环境。实施农村人居环境整治三年行动计划，以农村垃圾、污水治理和村容村貌提升为主攻方向，整合各种资源，强化各种举措，稳步有序推进农村人居环境突出问题治理。坚持不懈推进农村“厕所革命”，大力开展农村户用卫生厕所建设和改造，同步实施粪污治理，加快实现农村无害化卫生厕所全覆盖，努力补齐影响农民群众生活品质的短板。总结推广适用不同地区的农村污水治理模式，加强技术支撑和指导。深入推进农村环境综合整治。推进北方地区农村散煤替代，有条件的地方有序推进煤改气、煤改电和新能源利用。逐步建立农村低收入群体安全住房保障机制。强化新建农房规划管控，加强“空心村”服务管理和改造。保护保留乡村风貌,开展田园建筑示范,培养乡村传统建筑名匠。实施乡村绿化行动,全面保护古树名木。持续推进宜居宜业的美丽乡村建设。

八、打好精准脱贫攻坚战,增强贫困群众获得感

乡村振兴,摆脱贫困是前提。必须坚持精准扶贫、精准脱贫,把提高脱贫质量放在首位,既不降低扶贫标准,也不吊高胃口,采取更加有力的举措、更加集中的支持、更加精细的工作,坚决打好精准脱贫这场对全面建成小康社会具有决定性意义的攻坚战。

(一)瞄准贫困人口精准帮扶。对有劳动能力的贫困人口,强化产业和就业扶持,着力做好产销衔接、劳务对接,实现稳定脱贫。有序推进易地扶贫搬迁,让搬迁群众搬得出、稳得住、能致富。对完全或部分丧失劳动能力的特殊贫困人口,综合实施保障性扶贫政策,确保病有所医、残有所助、生活有兜底。做好农村最低生活保障工作的动态化精细化管理,把符合条件的贫困人口全部纳入保障范围。

(二)聚焦深度贫困地区集中发力。全面改善贫困地区生产生活条件,确保实现贫困地区基本公共服务主要指标接近全国平均水平。以解决突出制约问题为重点,以重大扶贫工程和到村到户帮扶为抓手,加大政策倾斜和扶贫资金整合力度,着力改善深度贫困地区发展条件,增强贫困农户发展

能力,重点攻克深度贫困地区脱贫任务。新增脱贫攻坚资金项目主要投向深度贫困地区,增加金融投入对深度贫困地区的支持,新增建设用地指标优先保障深度贫困地区发展用地需要。

(三)激发贫困人口内生动力。把扶贫同扶志、扶智结合起来,把救急纾困和内生脱贫结合起来,提升贫困群众发展生产和务工经商的基本技能,实现可持续稳固脱贫。引导贫困群众克服等靠要思想,逐步消除精神贫困。要打破贫困均衡,促进形成自强自立、争先脱贫的精神风貌。改进帮扶方式方法,更多采用生产奖补、劳务补助、以工代赈等机制,推动贫困群众通过自己的辛勤劳动脱贫致富。

(四)强化脱贫攻坚责任和监督。坚持中央统筹省负总责市县抓落实的工作机制,强化党政一把手负总责的责任制。强化县级党委作为全县脱贫攻坚总指挥部的关键作用,脱贫攻坚期内贫困县县级党政正职要保持稳定。开展扶贫领域腐败和作风问题专项治理,切实加强扶贫资金管理,对挪用和贪污扶贫款项的行为严惩不贷。将2018年作为脱贫攻坚作风建设年,集中力量解决突出作风问题。科学确定脱贫摘帽时间,对弄虚作假、搞数字脱贫的严肃查处。完善扶贫督查巡查、考核评估办法,除党中央、国务院统一部署外,各部门一律不准再组织其他检查考评。严格控制各地开展增加一线扶贫干部负担的各类检查考评,切实给基层减轻工作负担。关心爱护战斗在扶贫第一线的基层干部,制定激励政策,为他们工作生活排忧解难,保护和调动他们的工作积极性。做好实施乡村振兴战略与打好精准脱贫攻坚战的有机衔接。制定坚决打好精准脱贫攻坚战三年行动指导意见。研究提出持续减贫的意见。

九、推进体制机制创新,强化乡村振兴制度性供给

实施乡村振兴战略,必须把制度建设贯穿其中。要以完善产权制度和要素市场化配置为重点,激活主体、激活要素、激活市场,着力增强改革的系统性、整体性、协同性。

(一)巩固和完善农村基本经营制度。落实农村土地承包关系稳定并长久不变政策,衔接落实好第二轮土地承包到期后再延长30年的政策,让农民吃上长效“定心丸”。全面完成土地承包经营权确权登记颁证工作,实现承包土地信息联通共享。完善农村承包地“三权分置”制度,在依法保护集体土地所有权和农户承包权前提下,平等保护土地经营权。农村承包土地经营权可以依法向金融机构融资担保、入股从事农业产业化经营。实施新型农业经营主体培育工程,培育发展家庭农场、合作社、龙头企业、社会化服务组织和农业产业化联合体,发展多种形式适度规模经营。

(二)深化农村土地制度改革。系统总结农村土地征收、

集体经营性建设用地入市、宅基地制度改革试点经验,逐步扩大试点,加快土地管理法修改,完善农村土地利用管理政策体系。扎实推进房地一体的农村集体建设用地和宅基地使用权确权登记颁证。完善农民闲置宅基地和闲置农房政策,探索宅基地所有权、资格权、使用权“三权分置”,落实宅基地集体所有权,保障宅基地农户资格权和农民房屋财产权,适度放活宅基地和农民房屋使用权,不得违规违法买卖宅基地,严格实行土地用途管制,严格禁止下乡利用农村宅基地建设别墅大院和私人会馆。在符合土地利用总体规划前提下,允许县级政府通过村土地利用规划,调整优化村庄用地布局,有效利用农村零星分散的存量建设用地;预留部分规划建设用地指标用于单独选址的农业设施和休闲旅游设施等建设。对利用收储农村闲置建设用地发展农村新产业新业态的,给予新增建设用地指标奖励。进一步完善设施农用地政策。

(三)深入推进农村集体产权制度改革。全面开展农村集体资产清产核资、集体成员身份确认,加快推进集体经营性资产股份合作制改革。推动资源变资产、资金变股金、农民变股东,探索农村集体经济新的实现形式和运行机制。坚持农村集体产权制度改革正确方向,发挥村党组织对集体经济组织的领导核心作用,防止内部少数人控制和外部资本侵占集体资产。维护进城落户农民土地承包权、宅基地使用权、集体收益分配权，引导进城落户农民依法自愿有偿转让上述权益。研究制定农村集体经济组织法，充实农村集体产权权能。全面深化供销合作社综合改革，深入推进集体林权、水利设施产权等领域改革，做好农村综合改革、农村改革试验区等工作。

（四）完善农业支持保护制度。以提升农业质量效益和竞争力为目标，强化绿色生态导向，创新完善政策工具和手段，扩大"绿箱"政策的实施范围和规模，加快建立新型农业支持保护政策体系。深化农产品收储制度和价格形成机制改革，加快培育多元市场购销主体，改革完善中央储备粮管理体制。通过完善拍卖机制、定向销售、包干销售等，加快消化政策性粮食库存。落实和完善对农民直接补贴制度，提高补贴效能。健全粮食主产区利益补偿机制。探索开展稻谷、小麦、玉米三大粮食作物完全成本保险和收入保险试点，加快建立多层次农业保险体系。

十、汇聚全社会力量，强化乡村振兴人才支撑

实施乡村振兴战略，必须破解人才瓶颈制约。要把人力资本开发放在首要位置，畅通智力、技术、管理下乡通道，造就更多乡土人才，聚天下人才而用之。

（一）大力培育新型职业农民。全面建立职业农民制度，

完善配套政策体系。实施新型职业农民培育工程。支持新型职业农民通过弹性学制参加中高等农业职业教育。创新培训机制,支持农民专业合作社、专业技术协会、龙头企业等主体承担培训。引导符合条件的新型职业农民参加城镇职工养老、医疗等社会保障制度。鼓励各地开展职业农民职称评定试点。

(二)加强农村专业人才队伍建设。建立县域专业人才统筹使用制度,提高农村专业人才服务保障能力。推动人才管理职能部门简政放权,保障和落实基层用人主体自主权。推行乡村教师“县管校聘”。实施好边远贫困地区、边疆民族地区和革命老区人才支持计划,继续实施“三支一扶”、特岗教师计划等,组织实施高校毕业生基层成长计划。支持地方高等学校、职业院校综合利用教育培训资源,灵活设置专业(方向),创新人才培养模式,为乡村振兴培养专业化人才。扶持培养一批农业职业经理人、经纪人、乡村工匠、文化能人、非遗传承人等。

(三)发挥科技人才支撑作用。全面建立高等院校、科研院所等事业单位专业技术人员到乡村和企业挂职、兼职和离岗创新创业制度,保障其在职称评定、工资福利、社会保障等方面的权益。深入实施农业科研杰出人才计划和杰出青年农业科学家项目。健全种业等领域科研人员以知识产权明晰为基础、以知识价值为导向的分配政策。探索公益性和经营性农技推广融合发展机制，允许农技人员通过提供增值服务合理取酬。全面实施农技推广服务特聘计划。

（四）鼓励社会各界投身乡村建设。建立有效激励机制，以乡情乡愁为纽带，吸引支持企业家、党政干部、专家学者、医生教师、规划师、建筑师、律师、技能人才等，通过下乡担任志愿者、投资兴业、包村包项目、行医办学、捐资捐物、法律服务等方式服务乡村振兴事业。研究制定管理办法，允许符合要求的公职人员回乡任职。吸引更多人才投身现代农业，培养造就新农民。加快制定鼓励引导工商资本参与乡村振兴的指导意见，落实和完善融资贷款、配套设施建设补助、税费减免、用地等扶持政策，明确政策边界，保护好农民利益。发挥工会、共青团、妇联、科协、残联等群团组织的优势和力量，发挥各民主党派、工商联、无党派人士等积极作用，支持农村产业发展、生态环境保护、乡风文明建设、农村弱势群体关爱等。实施乡村振兴"巾帼行动"。加强对下乡组织和人员的管理服务，使之成为乡村振兴的建设性力量。

（五）创新乡村人才培育引进使用机制。建立自主培养与人才引进相结合，学历教育、技能培训、实践锻炼等多种方式并举的人力资源开发机制。建立城乡、区域、校地之间人才培养合作与交流机制。全面建立城市医生教师、科技文化人员等定期服务乡村机制。研究制定鼓励城市专业人才参与乡村振兴的政策。

十一、开拓投融资渠道,强化乡村振兴投入保障

实施乡村振兴战略,必须解决钱从哪里来的问题。要健全投入保障制度,创新投融资机制,加快形成财政优先保障、金融重点倾斜、社会积极参与的多元投入格局,确保投入力度不断增强、总量持续增加。

(一)确保财政投入持续增长。建立健全实施乡村振兴战略财政投入保障制度,公共财政更大力度向“三农”倾斜,确保财政投入与乡村振兴目标任务相适应。优化财政供给结构,推进行业内资金整合与行业间资金统筹相互衔接配合,增加地方自主统筹空间,加快建立涉农资金统筹整合长效机制。充分发挥财政资金的引导作用,撬动金融和社会资本更多投向乡村振兴。切实发挥全国农业信贷担保体系作用,通过财政担保费率补助和以奖代补等,加大对新型农业经营主体支持力度。加快设立国家融资担保基金,强化担保融资增信功能,引导更多金融资源支持乡村振兴。支持地方政府发行一般债券用于支持乡村振兴、脱贫攻坚领域的公益性项目。稳步推进地方政府专项债券管理改革,鼓励地方政府试点发行项目融资和收益自平衡的专项债券,支持符合条件、有一定收益的乡村公益性项目建设。规范地方政府举债

融资行为,不得借乡村振兴之名违法违规变相举债。

(二)拓宽资金筹集渠道。调整完善土地出让收入使用范围,进一步提高农业农村投入比例。严格控制未利用地开垦,集中力量推进高标准农田建设。改进耕地占补平衡管理办法,建立高标准农田建设等新增耕地指标和城乡建设用地增减挂钩节余指标跨省域调剂机制,将所得收益通过支出预算全部用于巩固脱贫攻坚成果和支持实施乡村振兴战略。推广一事一议、以奖代补等方式,鼓励农民对直接受益的乡村基础设施建设投工投劳,让农民更多参与建设管护。

(三)提高金融服务水平。坚持农村金融改革发展的正确方向,健全适合农业农村特点的农村金融体系,推动农村金融机构回归本源,把更多金融资源配置到农村经济社会发展的重点领域和薄弱环节,更好满足乡村振兴多样化金融需求。要强化金融服务方式创新,防止脱实向虚倾向,严格管控风险,提高金融服务乡村振兴能力和水平。抓紧出台金融服务乡村振兴的指导意见。加大中国农业银行、中国邮政储蓄银行"三农"金融事业部对乡村振兴支持力度。明确国家开发银行、中国农业发展银行在乡村振兴中的职责定位,强化金融服务方式创新,加大对乡村振兴中长期信贷支持。推动农村信用社省联社改革,保持农村信用社县域法人地位和数量总体稳定,完善村镇银行准入条件,地方法人金融机构要服务好乡村振兴。普惠金融重点要放在乡村。推动出台非存款类放贷组织条例。制定金融机构服务乡村振兴考核评估办法。支持符合条件的涉农企业发行上市、新三板挂牌和融资、并购重组,深入推进农产品期货期权市场建设,稳步扩大“保险+期货”试点,探索“订单农业+保险+期货(权)”试点。改进农村金融差异化监管体系,强化地方政府金融风险防范处置责任。

十二、坚持和完善党对“三农”工作的领导

实施乡村振兴战略是党和国家的重大决策部署,各级党委和政府要提高对实施乡村振兴战略重大意义的认识,真正把实施乡村振兴战略摆在优先位置,把党管农村工作的要求落到实处。

(一)完善党的农村工作领导体制机制。各级党委和政府要坚持工业农业一起抓、城市农村一起抓,把农业农村优先发展原则体现到各个方面。健全党委统一领导、政府负责、党委农村工作部门统筹协调的农村工作领导体制。建立实施乡村振兴战略领导责任制,实行中央统筹省负总责市县抓落实的工作机制。党政一把手是第一责任人,五级书记抓乡村振兴。县委书记要下大气力抓好“三农”工作,当好乡村振兴“一线总指挥”。各部门要按照职责,加强工作指导,强化资源要素支持和制度供给,做好协同配合,形成乡村振兴

工作合力。切实加强各级党委农村工作部门建设，按照《中国共产党工作机关条例（试行）》有关规定，做好党的农村工作机构设置和人员配置工作，充分发挥决策参谋、统筹协调、政策指导、推动落实、督导检查等职能。各省（自治区、直辖市）党委和政府每年要向党中央、国务院报告推进实施乡村振兴战略进展情况。建立市县党政领导班子和领导干部推进乡村振兴战略的实绩考核制度，将考核结果作为选拔任用领导干部的重要依据。

（二）研究制定中国共产党农村工作条例。根据坚持党对一切工作的领导的要求和新时代"三农"工作新形势新任务新要求，研究制定中国共产党农村工作条例，把党领导农村工作的传统、要求、政策等以党内法规形式确定下来，明确加强对农村工作领导的指导思想、原则要求、工作范围和对象、主要任务、机构职责、队伍建设等，完善领导体制和工作机制，确保乡村振兴战略有效实施。

（三）加强"三农"工作队伍建设。把懂农业、爱农村、爱农民作为基本要求，加强"三农"工作干部队伍培养、配备、管理、使用。各级党委和政府主要领导干部要懂"三农"工作、会抓"三农"工作，分管领导要真正成为"三农"工作行家里手。制定并实施培训计划，全面提升"三农"干部队伍能力和水平。拓宽县级"三农"工作部门和乡镇干部来源渠道。把到农村一线工作锻炼作为培养干部的重要途径,注重提拔使用实绩优秀的干部,形成人才向农村基层一线流动的用人导向。

(四)强化乡村振兴规划引领。制定国家乡村振兴战略规划(2018—2022年),分别明确至2020年全面建成小康社会和2022年召开党的二十大时的目标任务,细化实化工作重点和政策措施,部署若干重大工程、重大计划、重大行动。各地区各部门要编制乡村振兴地方规划和专项规划或方案。加强各类规划的统筹管理和系统衔接,形成城乡融合、区域一体、多规合一的规划体系。根据发展现状和需要分类有序推进乡村振兴,对具备条件的村庄,要加快推进城镇基础设施和公共服务向农村延伸;对自然历史文化资源丰富的村庄,要统筹兼顾保护与发展;对生存条件恶劣、生态环境脆弱的村庄,要加大力度实施生态移民搬迁。

(五)强化乡村振兴法治保障。抓紧研究制定乡村振兴法的有关工作,把行之有效的乡村振兴政策法定化,充分发挥立法在乡村振兴中的保障和推动作用。及时修改和废止不适应的法律法规。推进粮食安全保障立法。各地可以从本地乡村发展实际需要出发,制定促进乡村振兴的地方性法规、地方政府规章。加强乡村统计工作和数据开发应用。

(六)营造乡村振兴良好氛围。凝聚全党全国全社会振兴乡村强大合力,宣传党的乡村振兴方针政策和各地丰富实践,振奋基层干部群众精神。建立乡村振兴专家决策咨询制度,组织智库加强理论研究。促进乡村振兴国际交流合作,讲好乡村振兴中国故事,为世界贡献中国智慧和中国方案。

让我们更加紧密地团结在以习近平同志为核心的党中央周围,高举中国特色社会主义伟大旗帜,以习近平新时代中国特色社会主义思想为指导,迎难而上、埋头苦干、开拓进取,为决胜全面建成小康社会、夺取新时代中国特色社会主义伟大胜利作出新的贡献!

中共中央、国务院关于坚持农业农村优先发展做好“三农”工作的若干意见

（2019年1月3日）

今明两年是全面建成小康社会的决胜期，“三农”领域有不少必须完成的硬任务。党中央认为，在经济下行压力加大、外部环境发生深刻变化的复杂形势下，做好“三农”工作具有特殊重要性。必须坚持把解决好“三农”问题作为全党工作重中之重不动摇，进一步统一思想、坚定信心、落实工作，巩固发展农业农村好形势，发挥“三农”压舱石作用，为有效应对各种风险挑战赢得主动，为确保经济持续健康发展和社会大局稳定、如期实现第一个百年奋斗目标奠定基础。

做好“三农”工作，要以习近平新时代中国特色社会主义思想为指导，全面贯彻党的十九大和十九届二中、三中全会以及中央经济工作会议精神，紧紧围绕统筹推进“五位一体”总体布局和协调推进“四个全面”战略布局，牢牢把握稳中求进工作总基调，落实高质量发展要求，坚持农业农村优先发

展总方针，以实施乡村振兴战略为总抓手，对标全面建成小康社会"三农"工作必须完成的硬任务，适应国内外复杂形势变化对农村改革发展提出的新要求，抓重点、补短板、强基础，围绕"巩固、增强、提升、畅通"深化农业供给侧结构性改革，坚决打赢脱贫攻坚战，充分发挥农村基层党组织战斗堡垒作用，全面推进乡村振兴，确保顺利完成到2020年承诺的农村改革发展目标任务。

一、聚力精准施策，决战决胜脱贫攻坚

（一）不折不扣完成脱贫攻坚任务。咬定既定脱贫目标，落实已有政策部署，到2020年确保现行标准下农村贫困人口实现脱贫、贫困县全部摘帽、解决区域性整体贫困。坚持现行扶贫标准，全面排查解决影响"两不愁三保障"实现的突出问题，防止盲目拔高标准、吊高胃口，杜绝数字脱贫、虚假脱贫。加强脱贫监测。进一步压实脱贫攻坚责任，落实最严格的考核评估，精准问责问效。继续加强东西部扶贫协作和中央单位定点扶贫。深入推进抓党建促脱贫攻坚。组织开展常态化约谈，发现问题随时约谈。用好脱贫攻坚专项巡视成果，推动落实脱贫攻坚政治责任。

（二）主攻深度贫困地区。瞄准制约深度贫困地区精准脱贫的重点难点问题，列出清单，逐项明确责任，对账销号。重大工程建设项目继续向深度贫困地区倾斜，特色产业扶贫、易地扶贫搬迁、生态扶贫、金融扶贫、社会帮扶、干部人才等政策措施向深度贫困地区倾斜。各级财政优先加大“三区三州”脱贫攻坚资金投入。对“三区三州”外贫困人口多、贫困发生率高、脱贫难度大的深度贫困地区,也要统筹资金项目,加大扶持力度。

（三）着力解决突出问题。注重发展长效扶贫产业,着力解决产销脱节、风险保障不足等问题,提高贫困人口参与度和直接受益水平。强化易地扶贫搬迁后续措施,着力解决重搬迁、轻后续帮扶问题,确保搬迁一户、稳定脱贫一户。加强贫困地区义务教育控辍保学,避免因贫失学辍学。落实基本医疗保险、大病保险、医疗救助等多重保障措施,筑牢乡村卫生服务网底,保障贫困人口基本医疗需求。扎实推进生态扶贫,促进扶贫开发与生态保护相协调。坚持扶贫与扶志扶智相结合,加强贫困地区职业教育和技能培训,加强开发式扶贫与保障性扶贫统筹衔接,着力解决“一兜了之”和部分贫困人口等靠要问题,增强贫困群众内生动力和自我发展能力。切实加强一线精准帮扶力量,选优配强驻村工作队伍。关心关爱扶贫干部,加大工作支持力度,帮助解决实际困难,解除后顾之忧。持续开展扶贫领域腐败和作风问题专项治理,严厉查处虚报冒领、贪占挪用和优亲厚友、吃拿卡要等问题。

（四）巩固和扩大脱贫攻坚成果。攻坚期内贫困县、贫困村、贫困人口退出后，相关扶贫政策保持稳定，减少和防止贫困人口返贫。研究解决收入水平略高于建档立卡贫困户的群众缺乏政策支持等新问题。坚持和推广脱贫攻坚中的好经验好做法好路子。做好脱贫攻坚与乡村振兴的衔接，对摘帽后的贫困县要通过实施乡村振兴战略巩固发展成果，接续推动经济社会发展和群众生活改善。总结脱贫攻坚的实践创造和伟大精神。及早谋划脱贫攻坚目标任务 2020 年完成后的战略思路。

二、夯实农业基础，保障重要农产品有效供给

（一）稳定粮食产量。毫不放松抓好粮食生产，推动藏粮于地、藏粮于技落实落地，确保粮食播种面积稳定在 16.5 亿亩。稳定完善扶持粮食生产政策举措，挖掘品种、技术、减灾等稳产增产潜力，保障农民种粮基本收益。发挥粮食主产区优势，完善粮食主产区利益补偿机制，健全产粮大县奖补政策。压实主销区和产销平衡区稳定粮食生产责任。严守 18 亿亩耕地红线，全面落实永久基本农田特殊保护制度，确保永久基本农田保持在 15.46 亿亩以上。建设现代气象为农服务体系。强化粮食安全省长责任制考核。

（二）完成高标准农田建设任务。巩固和提高粮食生产能力，到 2020 年确保建成 8 亿亩高标准农田。修编全国高标准农田建设总体规划，统一规划布局、建设标准、组织实施、验收考核、上图入库。加强资金整合,创新投融资模式,建立多元筹资机制。实施区域化整体建设,推进田水林路电综合配套,同步发展高效节水灌溉。全面完成粮食生产功能区和重要农产品生产保护区划定任务,高标准农田建设项目优先向"两区"安排。恢复启动新疆优质棉生产基地建设,将糖料蔗"双高"基地建设范围覆盖到划定的所有保护区。进一步加强农田水利建设。推进大中型灌区续建配套节水改造与现代化建设。加大东北黑土地保护力度。加强华北地区地下水超采综合治理。推进重金属污染耕地治理修复和种植结构调整试点。

(三)调整优化农业结构。大力发展紧缺和绿色优质农产品生产,推进农业由增产导向转向提质导向。深入推进优质粮食工程。实施大豆振兴计划,多途径扩大种植面积。支持长江流域油菜生产,推进新品种新技术示范推广和全程机械化。积极发展木本油料。实施奶业振兴行动,加强优质奶源基地建设,升级改造中小奶牛养殖场,实施婴幼儿配方奶粉提升行动。合理调整粮经饲结构,发展青贮玉米、苜蓿等优质饲草料生产。合理确定内陆水域养殖规模,压减近海、湖库过密网箱养殖,推进海洋牧场建设,规范有序发展远洋渔业。降低江河湖泊和近海渔业捕捞强度,全面实施长江水生生物保护区禁捕。实施农产品质量安全保障工程,健全监管体系、监测体系、追溯体系。加大非洲猪瘟等动物疫情监测防控力度,严格落实防控举措,确保产业安全。

(四)加快突破农业关键核心技术。强化创新驱动发展,实施农业关键核心技术攻关行动,培育一批农业战略科技创新力量,推动生物种业、重型农机、智慧农业、绿色投入品等领域自主创新。建设农业领域国家重点实验室等科技创新平台基地,打造产学研深度融合平台,加强国家现代农业产业技术体系、科技创新联盟、产业创新中心、高新技术产业示范区、科技园区等建设。强化企业技术创新主体地位,培育农业科技创新型企业,支持符合条件的企业牵头实施技术创新项目。继续组织实施水稻、小麦、玉米、大豆和畜禽良种联合攻关,加快选育和推广优质草种。支持薄弱环节适用农机研发,促进农机装备产业转型升级,加快推进农业机械化。加强农业领域知识产权创造与应用。加快先进实用技术集成创新与推广应用。建立健全农业科研成果产权制度,赋予科研人员科技成果所有权,完善人才评价和流动保障机制,落实兼职兼薪、成果权益分配政策。

(五)实施重要农产品保障战略。加强顶层设计和系统规划,立足国内保障粮食等重要农产品供给,统筹用好国际国内两个市场、两种资源,科学确定国内重要农产品保障水平,健全保障体系,提高国内安全保障能力。将稻谷、小麦作为必保品种，稳定玉米生产，确保谷物基本自给、口粮绝对安全。加快推进粮食安全保障立法进程。在提质增效基础上，巩固棉花、油料、糖料、天然橡胶生产能力。加快推进并支持农业走出去，加强"一带一路"农业国际合作，主动扩大国内紧缺农产品进口，拓展多元化进口渠道，培育一批跨国农业企业集团，提高农业对外合作水平。加大农产品反走私综合治理力度。

三、扎实推进乡村建设，加快补齐农村人居环境和公共服务短板

（一）抓好农村人居环境整治三年行动。深入学习推广浙江"千村示范、万村整治"工程经验，全面推开以农村垃圾污水治理、厕所革命和村容村貌提升为重点的农村人居环境整治，确保到2020年实现农村人居环境阶段性明显改善，村庄环境基本干净整洁有序，村民环境与健康意识普遍增强。鼓励各地立足实际、因地制宜，合理选择简便易行、长期管用的整治模式，集中攻克技术难题。建立地方为主、中央补助的政府投入机制。中央财政对农村厕所革命整村推进等给予补助，对农村人居环境整治先进县给予奖励。中央预算内投资安排专门资金支持农村人居环境整治。允许县级按规定统筹整合相关资金，集中用于农村人居环境整治。鼓励社会力量积极参与，将农村人居环境整治与发展乡村休闲旅游等有机结合。广泛开展村庄清洁行动。开展美丽宜居村庄和最美庭院创建活动。农村人居环境整治工作要同农村经济发展水平相适应、同当地文化和风土人情相协调,注重实效,防止做表面文章。

(二)实施村庄基础设施建设工程。推进农村饮水安全巩固提升工程,加强农村饮用水水源地保护,加快解决农村"吃水难"和饮水不安全问题。全面推进"四好农村路"建设,加大"路长制"和示范县实施力度,实现具备条件的建制村全部通硬化路,有条件的地区向自然村延伸。加强村内道路建设。全面实施乡村电气化提升工程,加快完成新一轮农村电网改造。完善县乡村物流基础设施网络,支持产地建设农产品贮藏保鲜、分级包装等设施,鼓励企业在县乡和具备条件的村建立物流配送网点。加快推进宽带网络向村庄延伸,推进提速降费。继续推进农村危房改造。健全村庄基础设施建管长效机制,明确各方管护责任,鼓励地方将管护费用纳入财政预算。

(三)提升农村公共服务水平。全面提升农村教育、医疗卫生、社会保障、养老、文化体育等公共服务水平,加快推进城乡基本公共服务均等化。推动城乡义务教育一体化发展,深入实施农村义务教育学生营养改善计划。实施高中阶段教育普及攻坚计划,加强农村儿童健康改善和早期教育、学前教育。加快标准化村卫生室建设,实施全科医生特岗计划。建立健全统一的城乡居民基本医疗保险制度,同步整合城乡居民大病保险。完善城乡居民基本养老保险待遇确定和基础养老金正常调整机制。统筹城乡社会救助体系,完善最低生活保障制度、优抚安置制度。加快推进农村基层综合性文化服务中心建设。完善农村留守儿童和妇女、老年人关爱服务体系,支持多层次农村养老事业发展,加强和改善农村残疾人服务。推动建立城乡统筹的基本公共服务经费投入机制,完善农村基本公共服务标准。

(四)加强农村污染治理和生态环境保护。统筹推进山水林田湖草系统治理,推动农业农村绿色发展。加大农业面源污染治理力度,开展农业节肥节药行动,实现化肥农药使用量负增长。发展生态循环农业,推进畜禽粪污、秸秆、农膜等农业废弃物资源化利用,实现畜牧养殖大县粪污资源化利用整县治理全覆盖,下大力气治理白色污染。扩大轮作休耕制度试点。创建农业绿色发展先行区。实施乡村绿化美化行动,建设一批森林乡村,保护古树名木,开展湿地生态效益补偿和退耕还湿。全面保护天然林。加强"三北"地区退化防护林修复。扩大退耕还林还草,稳步实施退牧还草。实施新一轮草原生态保护补助奖励政策。落实河长制、湖长制,推进农村水环境治理,严格乡村河湖水域岸线等水生态空间管理。

（五）强化乡村规划引领。把加强规划管理作为乡村振兴的基础性工作，实现规划管理全覆盖。以县为单位抓紧编制或修编村庄布局规划，县级党委和政府要统筹推进乡村规划工作。按照先规划后建设的原则，通盘考虑土地利用、产业发展、居民点建设、人居环境整治、生态保护和历史文化传承，注重保持乡土风貌，编制多规合一的实用性村庄规划。加强农村建房许可管理。

四、发展壮大乡村产业，拓宽农民增收渠道

（一）加快发展乡村特色产业。因地制宜发展多样性特色农业，倡导"一村一品""一县一业"。积极发展果菜茶、食用菌、杂粮杂豆、薯类、中药材、特色养殖、林特花卉苗木等产业。支持建设一批特色农产品优势区。创新发展具有民族和地域特色的乡村手工业，大力挖掘农村能工巧匠，培育一批家庭工场、手工作坊、乡村车间。健全特色农产品质量标准体系，强化农产品地理标志和商标保护，创响一批"土字号""乡字号"特色产品品牌。

（二）大力发展现代农产品加工业。以"粮头食尾""农头工尾"为抓手，支持主产区依托县域形成农产品加工产业集群，尽可能把产业链留在县域，改变农村卖原料、城市搞加工的格局。支持发展适合家庭农场和农民合作社经营的农产品初加工，支持县域发展农产品精深加工，建成一批农产品专业村镇和加工强县。统筹农产品产地、集散地、销地批发市场建设，加强农产品物流骨干网络和冷链物流体系建设。培育农业产业化龙头企业和联合体，推进现代农业产业园、农村产业融合发展示范园、农业产业强镇建设。健全农村一二三产业融合发展利益联结机制，让农民更多分享产业增值收益。

（三）发展乡村新型服务业。支持供销、邮政、农业服务公司、农民合作社等开展农技推广、土地托管、代耕代种、统防统治、烘干收储等农业生产性服务。充分发挥乡村资源、生态和文化优势，发展适应城乡居民需要的休闲旅游、餐饮民宿、文化体验、健康养生、养老服务等产业。加强乡村旅游基础设施建设，改善卫生、交通、信息、邮政等公共服务设施。

（四）实施数字乡村战略。深入推进“互联网+农业”，扩大农业物联网示范应用。推进重要农产品全产业链大数据建设，加强国家数字农业农村系统建设。继续开展电子商务进农村综合示范，实施“互联网+”农产品出村进城工程。全面推进信息进村入户，依托“互联网+”推动公共服务向农村延伸。

（五）促进农村劳动力转移就业。落实更加积极的就业政策，加强就业服务和职业技能培训，促进农村劳动力多渠道转移就业和增收。发展壮大县域经济，引导产业有序梯度转移，支持适宜产业向小城镇集聚发展，扶持发展吸纳就业能力强的乡村企业，支持企业在乡村兴办生产车间、就业基地，增加农民就地就近就业岗位。稳定农民工就业，保障工资及时足额发放。加快农业转移人口市民化，推进城镇基本公共服务常住人口全覆盖。

（六）支持乡村创新创业。鼓励外出农民工、高校毕业生、退伍军人、城市各类人才返乡下乡创新创业，支持建立多种形式的创业支撑服务平台，完善乡村创新创业支持服务体系。落实好减税降费政策，鼓励地方设立乡村就业创业引导基金，加快解决用地、信贷等困难。加强创新创业孵化平台建设，支持创建一批返乡创业园，支持发展小微企业。

五、全面深化农村改革，激发乡村发展活力

（一）巩固和完善农村基本经营制度。坚持家庭经营基础性地位，赋予双层经营体制新的内涵。突出抓好家庭农场和农民合作社两类新型农业经营主体，启动家庭农场培育计划，开展农民合作社规范提升行动，深入推进示范合作社建设，建立健全支持家庭农场、农民合作社发展的政策体系和管理制度。落实扶持小农户和现代农业发展有机衔接的政策，完善“农户+合作社”“农户+公司”利益联结机制。加快培育各类社会化服务组织，为一家一户提供全程社会化服务。加快出台完善草原承包经营制度的意见。加快推进农业水价综合改革,健全节水激励机制。继续深化供销合作社综合改革,制定供销合作社条例。深化集体林权制度和国有林区林场改革。大力推进农垦垦区集团化、农场企业化改革。

（二）深化农村土地制度改革。保持农村土地承包关系稳定并长久不变,研究出台配套政策,指导各地明确第二轮土地承包到期后延包的具体办法,确保政策衔接平稳过渡。完善落实集体所有权、稳定农户承包权、放活土地经营权的法律法规和政策体系。在基本完成承包地确权登记颁证工作基础上,开展"回头看",做好收尾工作,妥善化解遗留问题,将土地承包经营权证书发放至农户手中。健全土地流转规范管理制度,发展多种形式农业适度规模经营,允许承包土地的经营权担保融资。总结好农村土地制度三项改革试点经验,巩固改革成果。坚持农村土地集体所有、不搞私有化,坚持农地农用、防止非农化,坚持保障农民土地权益、不得以退出承包地和宅基地作为农民进城落户条件,进一步深化农村土地制度改革。在修改相关法律的基础上,完善配套制度,全面推开农村土地征收制度改革和农村集体经营性建设用地入市改革,加快建立城乡统一的建设用地市场。加快推进宅基地使用权确权登记颁证工作,力争 2020 年基本完成。稳慎推进农村宅基地制度改革，拓展改革试点，丰富试点内容，完善制度设计。抓紧制定加强农村宅基地管理指导意见。研究起草农村宅基地使用条例。开展闲置宅基地复垦试点。允许在县域内开展全域乡村闲置校舍、厂房、废弃地等整治，盘活建设用地重点用于支持乡村新产业新业态和返乡下乡创业。严格农业设施用地管理，满足合理需求。巩固“大棚房”问题整治成果。按照“取之于农，主要用之于农”的要求，调整完善土地出让收入使用范围，提高农业农村投入比例，重点用于农村人居环境整治、村庄基础设施建设和高标准农田建设。扎实开展新增耕地指标和城乡建设用地增减挂钩节余指标跨省域调剂使用，调剂收益全部用于巩固脱贫攻坚成果和支持乡村振兴。加快修订土地管理法、物权法等法律法规。

（三）深入推进农村集体产权制度改革。按期完成全国农村集体资产清产核资，加快农村集体资产监督管理平台建设，建立健全集体资产各项管理制度。指导农村集体经济组织在民主协商的基础上，做好成员身份确认，注重保护外嫁女等特殊人群的合法权利，加快推进农村集体经营性资产股份合作制改革，继续扩大试点范围。总结推广资源变资产、资金变股金、农民变股东经验。完善农村集体产权权能，积极探索集体资产股权质押贷款办法。研究制定农村集体经济组织法。健全农村产权流转交易市场,推动农村各类产权流转交易公开规范运行。研究完善适合农村集体经济组织特点的税收优惠政策。

(四)完善农业支持保护制度。按照增加总量、优化存量、提高效能的原则,强化高质量绿色发展导向,加快构建新型农业补贴政策体系。按照适应世贸组织规则、保护农民利益、支持农业发展的原则,抓紧研究制定完善农业支持保护政策的意见。调整改进“黄箱”政策,扩大“绿箱”政策使用范围。按照更好发挥市场机制作用取向,完善稻谷和小麦最低收购价政策。完善玉米和大豆生产者补贴政策。健全农业信贷担保费率补助和以奖代补机制,研究制定担保机构业务考核的具体办法,加快做大担保规模。按照扩面增品提标的要求,完善农业保险政策。推进稻谷、小麦、玉米完全成本保险和收入保险试点。扩大农业大灾保险试点和“保险+期货”试点。探索对地方优势特色农产品保险实施以奖代补试点。打通金融服务“三农”各个环节,建立县域银行业金融机构服务“三农”的激励约束机制,实现普惠性涉农贷款增速总体高于各项贷款平均增速。推动农村商业银行、农村合作银行、农村信用社逐步回归本源,为本地“三农”服务。研究制定商业银行“三农”事业部绩效考核和激励的具体办法。用好差别化准备金率和差异化监管等政策,切实降低“三农”信贷担保服务门槛，鼓励银行业金融机构加大对乡村振兴和脱贫攻坚中长期信贷支持力度。支持重点领域特色农产品期货期权品种上市。

六、完善乡村治理机制，保持农村社会和谐稳定

（一）增强乡村治理能力。建立健全党组织领导的自治、法治、德治相结合的领导体制和工作机制，发挥群众参与治理主体作用。开展乡村治理体系建设试点和乡村治理示范村镇创建。加强自治组织规范化制度化建设，健全村级议事协商制度，推进村级事务公开，加强村级权力有效监督。指导农村普遍制定或修订村规民约。推进农村基层依法治理，建立健全公共法律服务体系。加强农业综合执法。

（二）加强农村精神文明建设。引导农民践行社会主义核心价值观，巩固党在农村的思想阵地。加强宣传教育，做好农民群众的思想工作，宣传党的路线方针和强农惠农富农政策，引导农民听党话、感党恩、跟党走。开展新时代文明实践中心建设试点，抓好县级融媒体中心建设。深化拓展群众性精神文明创建活动，推出一批农村精神文明建设示范县、文明村镇、最美家庭，挖掘和树立道德榜样典型，发挥示范引领作用。支持建设文化礼堂、文化广场等设施，培育特色文化村镇、村寨。持续推进农村移风易俗工作，引导和鼓励农村基层群众性自治组织采取约束性强的措施，对婚丧陋习、天价彩礼、孝道式微、老无所养等不良社会风气进行治理。

（三）持续推进平安乡村建设。深入推进扫黑除恶专项斗争，严厉打击农村黑恶势力，杜绝“村霸”等黑恶势力对基层政权的侵蚀。严厉打击敌对势力、邪教组织、非法宗教活动向农村地区的渗透。推进纪检监察工作向基层延伸，坚决查处发生在农民身边的不正之风和腐败问题。健全落实社会治安综合治理领导责任制。深化拓展网格化服务管理，整合配优基层一线平安建设力量，把更多资源、服务、管理放到农村社区。加强乡村交通、消防、公共卫生、食品药品安全、地质灾害等公共安全事件易发领域隐患排查和专项治理。加快建设信息化、智能化农村社会治安防控体系，继续推进农村“雪亮工程”建设。坚持发展新时代“枫桥经验”，完善农村矛盾纠纷排查调处化解机制，提高服务群众、维护稳定的能力和水平。

七、发挥农村党支部战斗堡垒作用，全面加强农村基层组织建设

（一）强化农村基层党组织领导作用。抓实建强农村基层党组织，以提升组织力为重点，突出政治功能，持续加强农村基层党组织体系建设。增加先进支部、提升中间支部、整顿后进支部，以县为单位对软弱涣散村党组织“一村一策”逐

个整顿。对村“两委”换届进行一次“回头看”，坚决把受过刑事处罚、存在“村霸”和涉黑涉恶等问题的村“两委”班子成员清理出去。实施村党组织带头人整体优化提升行动，配齐配强班子。全面落实村党组织书记县级党委备案管理制度。建立第一书记派驻长效工作机制，全面向贫困村、软弱涣散村和集体经济空壳村派出第一书记，并向乡村振兴任务重的村拓展。加大从高校毕业生、农民工、退伍军人、机关事业单位优秀党员中培养选拔村党组织书记力度。健全从优秀村党组织书记中选拔乡镇领导干部、考录乡镇公务员、招聘乡镇事业编制人员的常态化机制。落实村党组织 5 年任期规定，推动全国村“两委”换届与县乡换届同步进行。优化农村党员队伍结构，加大从青年农民、农村外出务工人员中发展党员力度。健全县级党委抓乡促村责任制，县乡党委要定期排查并及时解决基层组织建设突出问题。加强和改善村党组织对村级各类组织的领导，健全以党组织为领导的村级组织体系。全面推行村党组织书记通过法定程序担任村委会主任，推行村“两委”班子成员交叉任职，提高村委会成员和村民代表中党员的比例。加强党支部对村级集体经济组织的领导。全面落实“四议两公开”，健全村级重要事项、重大问题由村党组织研究讨论机制。

（二）发挥村级各类组织作用。理清村级各类组织功能定位，实现各类基层组织按需设置、按职履责、有人办事、有章理事。村民委员会要履行好基层群众性自治组织功能，增强村民自我管理、自我教育、自我服务能力。全面建立健全村务监督委员会，发挥在村务决策和公开、财产管理、工程项目建设、惠农政策措施落实等事项上的监督作用。强化集体经济组织服务功能，发挥在管理集体资产、合理开发集体资源、服务集体成员等方面的作用。发挥农村社会组织在服务农民、树立新风等方面的积极作用。

（三）强化村级组织服务功能。按照有利于村级组织建设、有利于服务群众的原则，将适合村级组织代办或承接的工作事项交由村级组织，并保障必要工作条件。规范村级组织协助政府工作事项，防止随意增加村级组织工作负担。统筹乡镇站所改革，强化乡镇为农服务体系建设，确保乡镇有队伍、有资源为农服务。

（四）完善村级组织运转经费保障机制。健全以财政投入为主的稳定的村级组织运转经费保障制度，全面落实村干部报酬待遇和村级组织办公经费，建立正常增长机制，保障村级公共服务运行维护等其他必要支出。把发展壮大村级集体经济作为发挥农村基层党组织领导作用的重要举措，加大政策扶持和统筹推进力度，因地制宜发展壮大村级集体经济，增强村级组织自我保障和服务农民能力。

八、加强党对“三农”工作的领导，落实农业农村优先发展总方针

（一）强化五级书记抓乡村振兴的制度保障。实行中央统筹、省负总责、市县乡抓落实的农村工作机制，制定落实五级书记抓乡村振兴责任的实施细则，严格督查考核。加强乡村振兴统计监测工作。2019 年各省（自治区、直辖市）党委要结合本地实际，出台市县党政领导班子和领导干部推进乡村振兴战略的实绩考核意见，并加强考核结果应用。各地区各部门要抓紧梳理全面建成小康社会必须完成的硬任务，强化工作举措，确保 2020 年圆满完成各项任务。

（二）牢固树立农业农村优先发展政策导向。各级党委和政府必须把落实“四个优先”的要求作为做好“三农”工作的头等大事，扛在肩上、抓在手上，同政绩考核联系到一起，层层落实责任。优先考虑“三农”干部配备，把优秀干部充实到“三农”战线，把精锐力量充实到基层一线，注重选拔熟悉“三农”工作的干部充实地方各级党政班子。优先满足“三农”发展要素配置，坚决破除妨碍城乡要素自由流动、平等交换的体制机制壁垒，改变农村要素单向流出格局，推动资源要素向农村流动。优先保障“三农”资金投入，坚持把农业农村作为财政优先保障领域和金融优先服务领域，公共财政更大力度向“三农”倾斜，县域新增贷款主要用于支持乡村振

兴。地方政府债券资金要安排一定比例用于支持农村人居环境整治、村庄基础设施建设等重点领域。优先安排农村公共服务,推进城乡基本公共服务标准统一、制度并轨,实现从形式上的普惠向实质上的公平转变。完善落实农业农村优先发展的顶层设计,抓紧研究出台指导意见和具体实施办法。

(三)培养懂农业、爱农村、爱农民的“三农”工作队伍。建立“三农”工作干部队伍培养、配备、管理、使用机制,落实关爱激励政策。引导教育“三农”干部大兴调查研究之风,倡导求真务实精神,密切与群众联系,加深对农民感情。坚决纠正脱贫攻坚和乡村振兴工作中的形式主义、官僚主义,清理规范各类检查评比、考核督导事项,切实解决基层疲于迎评迎检问题,让基层干部把精力集中到为群众办实事办好事上来。把乡村人才纳入各级人才培养计划予以重点支持。建立县域人才统筹使用制度和乡村人才定向委托培养制度,探索通过岗编适度分离、在岗学历教育、创新职称评定等多种方式,引导各类人才投身乡村振兴。对作出突出贡献的各类人才给予表彰和奖励。实施新型职业农民培育工程。大力发展面向乡村需求的职业教育,加强高等学校涉农专业建设。抓紧出台培养懂农业、爱农村、爱农民“三农”工作队伍的政策意见。

（四）发挥好农民主体作用。加强制度建设、政策激励、教育引导，把发动群众、组织群众、服务群众贯穿乡村振兴全过程，充分尊重农民意愿，弘扬自力更生、艰苦奋斗精神，激发和调动农民群众积极性主动性。发挥政府投资的带动作用，通过民办公助、筹资筹劳、以奖代补、以工代赈等形式，引导和支持村集体和农民自主组织实施或参与直接受益的村庄基础设施建设和农村人居环境整治。加强筹资筹劳使用监管，防止增加农民负担。出台村庄建设项目简易审批办法，规范和缩小招投标适用范围，让农民更多参与并从中获益。

当前，做好"三农"工作意义重大、任务艰巨、要求迫切，除上述8个方面工作之外，党中央、国务院部署的其他各项工作必须久久为功、狠抓落实、务求实效。

让我们紧密团结在以习近平同志为核心的党中央周围，全面贯彻落实习近平总书记关于做好"三农"工作的重要论述，锐意进取、攻坚克难、扎实工作，为决胜全面建成小康社会、推进乡村全面振兴作出新的贡献。

中共中央办公厅、国务院办公厅关于加强和改进乡村治理的指导意见

（2019年6月11日）

实现乡村有效治理是乡村振兴的重要内容。为深入贯彻落实党的十九大精神和《中共中央、国务院关于实施乡村振兴战略的意见》部署要求，推进乡村治理体系和治理能力现代化，夯实乡村振兴基层基础，现就加强和改进乡村治理提出如下意见。

一、总体要求

（一）指导思想。以习近平新时代中国特色社会主义思想为指导，全面贯彻党的十九大和十九届二中、三中全会精神，紧紧围绕统筹推进“五位一体”总体布局和协调推进“四个全面”战略布局，按照实施乡村振兴战略的总体要求，坚持和加强党对乡村治理的集中统一领导，坚持把夯实基层基础作为固本之策，坚持把治理体系和治理能力建设作为主攻方向，坚持把保障和改善农村民生、促进农村和谐稳定作为根

本目的，建立健全党委领导、政府负责、社会协同、公众参与、法治保障、科技支撑的现代乡村社会治理体制，以自治增活力、以法治强保障、以德治扬正气，健全党组织领导的自治、法治、德治相结合的乡村治理体系，构建共建共治共享的社会治理格局，走中国特色社会主义乡村善治之路，建设充满活力、和谐有序的乡村社会，不断增强广大农民的获得感、幸福感、安全感。

（二）总体目标。到 2020 年，现代乡村治理的制度框架和政策体系基本形成，农村基层党组织更好发挥战斗堡垒作用，以党组织为领导的农村基层组织建设明显加强，村民自治实践进一步深化，村级议事协商制度进一步健全，乡村治理体系进一步完善。到 2035 年，乡村公共服务、公共管理、公共安全保障水平显著提高，党组织领导的自治、法治、德治相结合的乡村治理体系更加完善，乡村社会治理有效、充满活力、和谐有序，乡村治理体系和治理能力基本实现现代化。

二、主要任务

（一）完善村党组织领导乡村治理的体制机制。建立以基层党组织为领导、村民自治组织和村务监督组织为基础、集体经济组织和农民合作组织为纽带、其他经济社会组织为补充的村级组织体系。村党组织全面领导村民委员会及村务监督委员会、村集体经济组织、农民合作组织和其他经济社会组织。村民委员会要履行基层群众性自治组织功能，增强村民自我管理、自我教育、自我服务能力。村务监督委员会要发挥在村务决策和公开、财产管理、工程项目建设、惠农政策措施落实等事项上的监督作用。集体经济组织要发挥在管理集体资产、合理开发集体资源、服务集体成员等方面的作用。农民合作组织和其他经济社会组织要依照国家法律和各自章程充分行使职权。村党组织书记应当通过法定程序担任村民委员会主任和村级集体经济组织、合作经济组织负责人，村“两委”班子成员应当交叉任职。村务监督委员会主任一般由党员担任，可以由非村民委员会成员的村党组织班子成员兼任。村民委员会成员、村民代表中党员应当占一定比例。健全村级重要事项、重大问题由村党组织研究讨论机制，全面落实“四议两公开”。加强基本队伍、基本活动、基本阵地、基本制度、基本保障建设，实施村党组织带头人整体优化提升行动，持续整顿软弱涣散村党组织，整乡推进、整县提升，发展壮大村级集体经济。全面落实村“两委”换届候选人县级联审机制，坚决防止和查处以贿选等不正当手段影响、控制村“两委”换届选举的行为，严厉打击干扰破坏村“两委”换届选举的黑恶势力、宗族势力。坚决把受过刑事处罚、存在“村霸”和涉黑涉恶、涉邪教等问题的人清理出村干部队伍。坚持抓乡促村，落实县乡党委抓农村基层党组织建设和乡村治理的主体责任。落实乡镇党委直接责任,乡镇党委书记和党委领导班子成员等要包村联户,村"两委"成员要入户走访,及时发现并研究解决农村基层党组织建设、乡村治理和群众生产生活等问题。健全以财政投入为主的稳定的村级组织运转经费保障制度。

(二)发挥党员在乡村治理中的先锋模范作用。组织党员在议事决策中宣传党的主张,执行党组织决定。组织开展党员联系农户、党员户挂牌、承诺践诺、设岗定责、志愿服务等活动,推动党员在乡村治理中带头示范,带动群众全面参与。密切党员与群众的联系,了解群众思想状况,帮助解决实际困难,加强对贫困人口、低保对象、留守儿童和妇女、老年人、残疾人、特困人员等人群的关爱服务,引导农民群众自觉听党话、感党恩、跟党走。

(三)规范村级组织工作事务。清理整顿村级组织承担的行政事务多、各种检查评比事项多问题,切实减轻村级组织负担。各种政府机构原则上不在村级建立分支机构,不得以行政命令方式要求村级承担有关行政性事务。交由村级组织承接或协助政府完成的工作事项,要充分考虑村级组织承接能力,实行严格管理和总量控制。从源头上清理规范上级对村级组织的考核评比项目,鼓励各地实行目录清单、审核备案等管理方式。规范村级各种工作台账和各类盖章证明事项。推广村级基础台账电子化,建立统一的“智慧村庄”综合管理服务平台。

(四)增强村民自治组织能力。健全党组织领导的村民自治机制,完善村民(代表)会议制度,推进民主选举、民主协商、民主决策、民主管理、民主监督实践。进一步加强自治组织规范化建设,拓展村民参与村级公共事务平台,发展壮大治保会等群防群治力量,充分发挥村民委员会、群防群治力量在公共事务和公益事业办理、民间纠纷调解、治安维护协助、社情民意通达等方面的作用。

(五)丰富村民议事协商形式。健全村级议事协商制度,形成民事民议、民事民办、民事民管的多层次基层协商格局。创新协商议事形式和活动载体,依托村民会议、村民代表会议、村民议事会、村民理事会、村民监事会等,鼓励农村开展村民说事、民情恳谈、百姓议事、妇女议事等各类协商活动。

(六)全面实施村级事务阳光工程。完善党务、村务、财务“三公开”制度,实现公开经常化、制度化和规范化。梳理村级事务公开清单,及时公开组织建设、公共服务、脱贫攻坚、工程项目等重大事项。健全村务档案管理制度。推广村级事务“阳光公开”监管平台,支持建立“村民微信群”、“乡村公众号”等,推进村级事务即时公开,加强群众对村级权力有效监督。规范村级会计委托代理制,加强农村集体经济组织审计监督，开展村干部任期和离任经济责任审计。

（七）积极培育和践行社会主义核心价值观。坚持教育引导、实践养成、制度保障三管齐下，推动社会主义核心价值观落细落小落实，融入文明公约、村规民约、家规家训。通过新时代文明实践中心、农民夜校等渠道，组织农民群众学习习近平新时代中国特色社会主义思想，广泛开展中国特色社会主义和实现中华民族伟大复兴的中国梦宣传教育，用中国特色社会主义文化、社会主义思想道德牢牢占领农村思想文化阵地。完善乡村信用体系，增强农民群众诚信意识。推动农村学雷锋志愿服务制度化常态化。加强农村未成年人思想道德建设。

（八）实施乡风文明培育行动。弘扬崇德向善、扶危济困、扶弱助残等传统美德，培育淳朴民风。开展好家风建设，传承传播优良家训。全面推行移风易俗，整治农村婚丧大操大办、高额彩礼、铺张浪费、厚葬薄养等不良习俗。破除丧葬陋习，树立殡葬新风，推广与保护耕地相适应、与现代文明相协调的殡葬习俗。加强村规民约建设，强化党组织领导和把关，实现村规民约行政村全覆盖。依靠群众因地制宜制定村规民约，提倡把喜事新办、丧事简办、弘扬孝道、尊老爱幼、扶残助残、和谐敦睦等内容纳入村规民约。以法律法规为依据，规范完善村规民约，确保制定过程、条文内容合法合规，防止一部分人侵害另一部分人的权益。建立健全村规民约监督和奖惩机制,注重运用舆论和道德力量促进村规民约有效实施,对违背村规民约的,在符合法律法规前提下运用自治组织的方式进行合情合理的规劝、约束。发挥红白理事会等组织作用。鼓励地方对农村党员干部等行使公权力的人员,建立婚丧事宜报备制度,加强纪律约束。

(九)发挥道德模范引领作用。深入实施公民道德建设工程,加强社会公德、职业道德、家庭美德和个人品德教育。大力开展文明村镇、农村文明家庭、星级文明户、五好家庭等创建活动,广泛开展农村道德模范、最美邻里、身边好人、新时代好少年、寻找最美家庭等选树活动,开展乡风评议,弘扬道德新风。

(十)加强农村文化引领。加强基层文化产品供给、文化阵地建设、文化活动开展和文化人才培养。传承发展提升农村优秀传统文化,加强传统村落保护。结合传统节日、民间特色节庆、农民丰收节等,因地制宜广泛开展乡村文化体育活动。加快乡村文化资源数字化,让农民共享城乡优质文化资源。挖掘文化内涵,培育乡村特色文化产业,助推乡村旅游高质量发展。加强农村演出市场管理,营造健康向上的文化环境。

(十一)推进法治乡村建设。规范农村基层行政执法程序,加强乡镇行政执法人员业务培训,严格按照法定职责和权限执法,将政府涉农事项纳入法治化轨道。大力开展“民主法治示范村”创建,深入开展“法律进乡村”活动,实施农村“法律明白人”培养工程,培育一批以村干部、人民调解员为重点的“法治带头人”。深入开展农村法治宣传教育。

（十二）加强平安乡村建设。推进农村社会治安防控体系建设,落实平安建设领导责任制,加强基础性制度、设施、平台建设。加强农村警务工作,大力推行“一村一辅警”机制,扎实开展智慧农村警务室建设。加强对社区矫正对象、刑满释放人员等特殊人群的服务管理。深入推进扫黑除恶专项斗争,健全防范打击长效机制。加强农民群众拒毒防毒宣传教育,依法打击整治毒品违法犯罪活动。依法加大对农村非法宗教活动、邪教活动打击力度,制止利用宗教、邪教干预农村公共事务,大力整治农村乱建宗教活动场所、滥塑宗教造像。推进农村地区技防系统建设,加强公共安全视频监控建设联网应用工作。健全农村公共安全体系,强化农村安全生产、防灾减灾救灾、食品、药品、交通、消防等安全管理责任。

（十三）健全乡村矛盾纠纷调处化解机制。坚持发展新时代“枫桥经验”,做到“小事不出村、大事不出乡”。健全人民调解员队伍,加强人民调解工作。完善调解、仲裁、行政裁决、行政复议、诉讼等有机衔接、相互协调的多元化纠纷解决机制。发挥信息化支撑作用,探索建立“互联网+网格管理”服务管理模式,提升乡村治理智能化、精细化、专业化水平。强化乡村信息资源互联互通,完善信息收集、处置、反馈工作机制和联动机制。广泛开展平安教育和社会心理健康服务、婚姻家庭指导服务。推动法院跨域立案系统、检察服务平台、公安综合窗口、人民调解组织延伸至基层,提高响应群众诉求和为民服务能力水平。

(十四)加大基层小微权力腐败惩治力度。规范乡村小微权力运行,明确每项权力行使的法规依据、运行范围、执行主体、程序步骤。建立健全小微权力监督制度,形成群众监督、村务监督委员会监督、上级部门监督和会计核算监督、审计监督等全程实时、多方联网的监督体系。织密农村基层权力运行“廉政防护网”,大力开展农村基层微腐败整治,推进农村巡察工作,严肃查处侵害农民利益的腐败行为。

(十五)加强农村法律服务供给。充分发挥人民法庭在乡村治理中的职能作用,推广车载法庭等巡回审判方式。加强乡镇司法所建设。整合法学专家、律师、政法干警及基层法律服务工作者等资源,健全乡村基本公共法律服务体系。深入推进公共法律服务实体、热线、网络平台建设,鼓励乡镇党委和政府根据需要设立法律顾问和公职律师，鼓励有条件的地方在村民委员会建立公共法律服务工作室，进一步加强村法律顾问工作，完善政府购买服务机制，充分发挥律师、基层法律服务工作者等在提供公共法律服务、促进乡村依法治理中的作用。

（十六）支持多方主体参与乡村治理。加强妇联、团支部、残协等组织建设，充分发挥其联系群众、团结群众、组织群众参与民主管理和民主监督的作用。积极发挥服务性、公益性、互助性社区社会组织作用。坚持专业化、职业化、规范化，完善培养选拔机制，拓宽农村社工人才来源，加强农村社会工作专业人才队伍建设，着力做好老年人、残疾人、青少年、特殊困难群体等重点对象服务工作。探索以政府购买服务等方式，支持农村社会工作和志愿服务发展。

（十七）提升乡镇和村为农服务能力。充分发挥乡镇服务农村和农民的作用，加强乡镇政府公共服务职能，加大乡镇基本公共服务投入，使乡镇成为为农服务的龙头。推进“放管服”改革和“最多跑一次”改革向基层延伸，整合乡镇和县级部门派驻乡镇机构承担的职能相近、职责交叉工作事项，建立集综合治理、市场监管、综合执法、公共服务等于一体的统一平台。构建县乡联动、功能集成、反应灵敏、扁平高效的综合指挥体系，着力增强乡镇统筹协调能力，发挥好乡镇服务、带动乡村作用。大力推进农村社区综合服务设施建设,引导管理服务向农村基层延伸,为农民提供“一门式办理”、“一站式服务”,构建线上线下相结合的乡村便民服务体系。将农村民生和社会治理领域中属于政府职责范围且适合通过市场化方式提供的服务事项,纳入政府购买服务指导性目录。推动各级投放的公共服务资源以乡镇、村党组织为主渠道落实。

三、组织实施

(一)加强组织领导。各级党委和政府要充分认识加强和改进乡村治理的重要意义,把乡村治理工作摆在重要位置,纳入经济社会发展总体规划和乡村振兴战略规划,开展乡村治理试点示范,及时研究解决工作中遇到的重大问题。将加强和改进乡村治理工作纳入乡村振兴考核。将党组织领导的乡村治理工作作为每年市县乡党委书记抓基层党建述职评议考核的重要内容,推动层层落实责任。各省(自治区、直辖市)党委和政府要抓好本意见贯彻落实,每年向党中央、国务院报告推进实施乡村振兴战略进展情况时,要将乡村治理工作情况作为重要内容。

(二)建立协同推进机制。严格落实责任,加强部门联动,建立乡村治理工作协同运行机制。党委农村工作部门要发挥牵头抓总作用,强化统筹协调、具体指导和督促落实,对乡村治理工作情况开展督导，对乡村治理政策措施开展评估。组织、宣传、政法、民政、司法行政、公安等相关部门要按照各自职责，强化政策、资源和力量配备，加强工作指导，做好协同配合，形成工作合力。

（三）强化各项保障。各级党委和政府要加强乡村治理人才队伍建设，充实基层治理力量，指导驻村第一书记、驻村干部等围绕乡村治理主要任务开展工作，聚合各类人才资源，引导农村致富能手、外出务工经商人员、高校毕业生、退役军人等在乡村治理中发挥积极作用。加强乡村社会治安综合治理设施装备保障，落实乡村治理经费。切实保障村干部基本报酬，建立健全与绩效考核相挂钩的报酬兑现机制。有计划、分层次开展村干部培训。坚决整治形式主义、官僚主义，让基层干部从繁文缛节、文山会海、迎来送往中解脱出来。进一步激励干部新时代新担当新作为，鼓励各地创新乡村治理机制。组织开展乡村治理示范村镇创建活动，大力选树宣传乡村治理各类先进典型，营造良好舆论氛围。

（四）加强分类指导。各级党委和政府要结合本地实际，围绕加强和改进乡村治理的主要任务，分类确定落实举措。对于需要普遍执行和贯彻落实的政策措施，要加大工作力度，逐级压实责任，明确时间进度，尽快取得实效。对于需要继续探索的事项，要组织开展改革试点，勇于探索创新，及时总结一批可复制可推广的经验做法,加快在面上推广。对于鼓励提倡的做法,要有针对性地借鉴吸收,形成适合本地的乡村治理机制。

关于对涉及农民负担案(事)件实行责任追究的暂行办法

(2002年8月9日)

第一条 为贯彻落实党中央、国务院关于减轻农民负担的各项方针政策,强化减轻农民负担工作党政一把手负责制,切实抓好减轻农民负担工作,进一步密切党群、干群关系,维护农村社会稳定,根据《中共中央、国务院关于切实做好减轻农民负担工作的决定》(中发〔1996〕13号)和《中共中央、国务院关于印发〈关于实行党风廉政建设责任制的规定〉的通知》(中发〔1998〕16号)等文件精神和有关规定,结合实际,制定本办法。

第二条 地方各级党委、政府应当对本地区贯彻执行减轻农民负担政策的情况实行有效的监督管理,严格执行责任追究制度,对发生涉及农民负担的恶性案件、严重群体性事件或造成重大影响的其他案(事)件负有责任的县(市、区)、乡(镇)党政领导人员和其他直接责任人员,给予党纪、政纪处分。

第三条 实行责任追究要坚持实事求是、客观公正的原则。

第四条 责任追究的对象，是指因农民负担问题引发的恶性案件、严重群体性事件或造成重大影响的其他案（事）件的县（市、区）、乡（镇）的党政主要负责人和对案（事）件发生负有直接领导责任的其他党政领导班子成员，以及有关部门的领导人员和其他直接责任人员。

第五条 具有下列情形之一的，对担任党内领导职务的责任追究对象给予警告、严重警告处分；情节严重的，给予撤销党内职务处分；情节特别严重的，给予留党察看、开除党籍处分。对担任行政领导职务的责任追究对象给予警告、记过、记大过处分；情节严重的，给予降级、撤职处分；情节特别严重的，给予开除公职处分。对同时担任党内领导职务和行政领导职务的责任追究对象，情节严重的，应当同时给予党纪、政纪处分。

（一）违反减轻农民负担政策、工作作风粗暴或违反规定采取措施，导致农民死亡或直接造成农民受重伤的；

（二）违反减轻农民负担政策，侵害农民的合法权益，导致发生干群冲突群体性事件或影响社会稳定的其他群体性事件的；

（三）发生因涉及农民负担而造成重大影响的其他案（事）件的。

第六条 责任追究权由省、自治区、直辖市和市（地）、县（市、区）党委、政府按照干部管理权限行使。

省、自治区、直辖市和市（地）、县（市、区）农民负担监督管理部门根据调查、检查和考核结果，向本级党委、政府提出责任追究的建议，经批准后，由纪检、监察、组织、人事等机关和部门根据各自的职责具体执行。

对涉及农民负担案（事）件的其他直接责任人员，按照干部管理权限和有关规定给予党纪、政纪处分。

第七条 对发生涉及农民负担案（事）件负有直接责任的有关部门的领导人员和其他直接责任人员，由有关部门或纪检、监察机关按照干部管理权限和有关规定进行处理。

第八条 各级组织、人事部门要把减轻农民负担工作作为考核和任用各级党政领导人员特别是县、乡两级党政领导人员的一项重要依据和内容，在涉及县（市、区）、乡（镇）党政领导人员晋职、晋级时，按照干部管理权限和规定的程序，征求有关方面的意见。

第九条 对屡次发生涉及农民负担恶性案件、严重群体性事件或造成重大影响的其他案（事）件，影响特别恶劣的，对该市（地）党政领导人员依照本办法第五条的规定处理。

第十条 涉及农民负担的恶性案件、严重群体性事件或造成重大影响的其他案(事)件发生后,县(市、区)、乡(镇)党委、政府及有关部门应当按照规定的程序和时限上报,并配合、协助上级机关进行调查,不得隐瞒不报、谎报或拖延报告,不得以任何方式阻碍、干扰调查。

对违反本条规定的,要对责任人和有关领导人员加重处理。

第十一条 辖区内有自然村的街道办事处依照本办法执行。

第十二条 各省、自治区、直辖市可根据本办法,结合本地实际,制定实施细则。

第十三条 本办法实施中的问题由中央纪委、监察部、农业部负责解释。

第十四条 本办法自发布之日起施行。

农村基层干部廉洁履行职责若干规定(试行)

(2011年5月23日)

为进一步加强农村党风廉政建设,促进农村基层干部廉洁履行职责,维护农村集体和农民群众利益,推动农村科学发展,促进农村社会和谐,依据《中国共产党章程》和其他有关党内法规、国家法律法规,制定本规定。

总　　则

农村党风廉政建设关系党的执政基础。农村基层干部廉洁履行职责,是坚持以邓小平理论和“三个代表”重要思想为指导,深入贯彻落实科学发展观,全面贯彻落实党的路线方针政策,加快推进社会主义新农村建设的重要保障;是新形势下加强党的执政能力建设和先进性建设,造就高素质农村基层干部队伍的重要内容;是保证农村基层干部正确行使权力,发展基层民主,保障农民权益,促进农村和谐稳定的重要基础,是加强和创新社会管理,做好新形势下群众工作,密切党群干群关系的必然要求。

农村基层干部应当坚定理想信念,牢记和践行全心全意为人民服务的宗旨,恪尽职守、为民奉献;应当发扬党的优良传统和作风,求真务实、艰苦奋斗;应当遵守党的纪律和国家法律,知法守法、依法办事;应当正确履行职责和自觉接受监督,清正廉洁、公道正派;应当倡导健康文明的社会风尚,崇尚科学、移风易俗。

第一章　乡镇领导班子成员和基层站所负责人廉洁履行职责行为规范

第一条　禁止滥用职权,侵害群众合法权益。不准有下列行为:

(一)非法征占、侵占、"以租代征"转用、买卖农村土地和森林、山岭、草原、荒地、滩涂、水面等资源;

(二)违反乡镇土地利用总体规划、村镇建设规划和基本农田保护规定进行审批和建设;

(三)侵占、截留、挪用、挥霍或者违反规定借用农村集体财产或者各项强农惠农资金、物资以及征地补偿费等;

(四)违反规定干预、插手农村村级组织选举或者农村集体资金、资产、资源的使用、分配、承包、租赁以及农村工程建设等事项；

（五）违反规定扣押、收缴群众款物或者处罚群众；

（六）对发现的严重侵害群众合法权益的违纪违法行为隐瞒不报、压案不查；

（七）其他滥用职权，侵害群众合法权益的行为。

第二条 禁止利用职务之便，谋取不正当利益。不准有下列行为：

（一）索取、收受或者以借为名占用管理、服务对象财物，或者吃拿卡要；

（二）在管理、服务活动中违反规定收取费用或者谋取私利；

（三）用公款或者由村级组织、乡镇企业、私营企业报销、支付应当由个人负担的费用；

（四）设立"小金库"，侵吞、截留、挪用、坐支公款；

（五）利用职权和职务上的影响为亲属谋取利益；

（六）其他利用职务之便，为本人或者他人谋取不正当利益的行为。

第三条 禁止搞不正之风，损害党群干群关系。不准有下列行为：

（一）违反规定选拔任用干部，或者在乡镇党委和政府换届选举中拉票贿选，败坏选人用人风气；

（二）弄虚作假，骗取荣誉和其他利益；

（三）在社会保障、政策扶持、救灾救济款物分配等事项中违规办事、显失公平；

（四）漠视群众正当诉求，或者对待群众态度恶劣，故意刁难群众；

（五）大吃大喝，公款旅游，或者违反规定配备、使用小汽车；

（六）大操大办婚丧喜庆事宜，或者借机敛财。

第二章 村党组织领导班子成员和村民委员会成员廉洁履行职责行为规范

第四条 禁止在村级组织选举中拉票贿选、破坏选举。不准有下列行为：

（一）违反法定程序组织、参与选举，或者伪造选票、虚报选举票数、篡改选举结果；

（二）采取暴力、威胁、欺骗、贿赂等不正当手段参选或者妨害村民依法行使选举权、被选举权；

（三）利用宗教、宗族、家族势力或者黑恶势力干扰、操纵、破坏选举。

第五条 禁止在村级事务决策中独断专行、以权谋私。不准有下列行为：

(一)违反规定处置集体资金、资产、资源,或者擅自用集体财产为他人提供担保,损害集体利益;

(二)违法违规发包集体土地、调整收回农民承包土地、强迫或者阻碍农民流转土地承包经营权,非法转让、出租集体土地,或者违反规定强制调整农民宅基地;

(三)在政府拨付和接受社会捐赠的各类救灾救助、补贴补助资金、物资以及退耕还林退牧还草款物、征地补偿费使用分配发放等方面违规操作、挪用、侵占,或者弄虚作假、优亲厚友;

(四)在集体资金使用、集体经济项目和工程建设项目立项及承包、宅基地使用安排以及耕地、山林等集体资源承包、租赁、流转等经营活动中暗箱操作,为本人或者他人谋取私利;

(五)违背村民意愿超范围、超标准向村民筹资筹劳,加重村民负担,或者向村民乱集资、乱摊派、乱收费。

第六条 禁止在村级事务管理中滥用职权、损公肥私。不准有下列行为:

(一)采取侵占、截留、挪用、私分、骗取等手段非法占有集体资金、资产、资源或者其他公共财物;

(二)在计划生育、落户、殡葬等各项管理、服务工作中或者受委托从事公务活动时,吃拿卡要、故意刁难群众或者收受、索取财物；

（三）违反规定无据收（付）款，不按审批程序报销发票，或者设立“小金库”，隐瞒、截留、坐支集体收入；

（四）以虚报、冒领等手段套取、骗取或者截留、私分国家对集体土地的补偿、补助费以及各项强农惠农补助资金、项目扶持资金；

（五）未经批准擅自借用集体款物或者经批准借用集体款物但逾期不还，或者违反规定用集体资金、公物操办个人婚丧喜庆事宜；

（六）以办理村务为名，请客送礼、大吃大喝，挥霍浪费集体资金，或者滥发奖金、补贴，用集体资金支付应当由个人负担的费用。

第七条 禁止在村级事务监督中弄虚作假、逃避监督。不准有下列行为：

（一）不按照规定实行民主理财，或者伪造、变造、隐匿、销毁财务会计资料；

（二）阻挠、干扰村民依法行使询问质询权、罢免权等监督权利；

（三）阻挠、干扰经济责任审计以及其他重大事项的审计；

（四）阻挠、干扰有关机关、部门依法进行的监督检查或者案件查处。

第八条 禁止妨害和扰乱社会管理秩序。不准有下列行为：

（一）参与、纵容、支持黑恶势力活动；

（二）组织、参与宗族宗派纷争或者聚众闹事；

（三）参与色情、赌博、吸毒、迷信、邪教等活动或者为其提供便利条件；

（四）违反计划生育政策或者纵容、支持他人违反计划生育政策。

第三章 实施与监督

第九条 各级党委和政府负责本规定的贯彻实施。开展教育培训，完善考评激励，落实待遇保障，加强监督检查，促进农村基层干部自觉贯彻执行本规定。

第十条 各级党委和政府应当结合本规定的贯彻实施建立健全农村基层党务公开、政务公开、村务公开和办事公开制度以及农村基层干部经济责任审计制度，推进农村基层权力运行公开透明。

第十一条 县（市、区、旗）党委和政府每年应当对乡镇领导班子成员执行本规定的情况进行一次检查考核。

县（市、区、旗）有关主管部门每年应当按照干部管理权限对基层站所负责人执行本规定的情况进行一次检查考核。检查考核时应当充分听取基层站所所在地的乡镇党委和政府的意见,并将考核结果通报乡镇党委和政府。

乡镇党委和政府每年应当对村党组织领导班子成员和村民委员会成员执行本规定的情况进行一次检查考核。

第十二条 纪检监察机关协助同级党委和政府或者根据职责开展对本规定贯彻实施情况的监督检查,依纪依法查处农村基层干部违反本规定的行为。

第十三条 村党组织和村民委员会应当依据本规定完善村规民约,建立廉政承诺制度,健全监督制约机制,保证本规定的贯彻执行。

第十四条 村党组织和村民委员会应当结合贯彻执行本规定健全党组织领导的村级民主自治机制。对村级重大事务实行村党组织提议、村党组织和村民委员会商议、党员大会审议、村民会议或者村民代表会议决议,决议内容和实施结果应当公开。

第十五条 村党组织和村民委员会应当结合贯彻执行本规定建立健全党务公开、村务公开和财务公开制度。

第十六条 村党组织领导班子成员和村民委员会成员应当将贯彻执行本规定的情况作为民主生活会对照检查、年度述职述廉和民主评议的重要内容,接受党员和村民的监督。

第十七条 村务监督委员会或者其他形式的村务监督机构应当依法履行监督职责,对村民委员会成员执行本规定的情况进行监督。

第十八条 村民代表可以对村民委员会成员执行本规定的情况进行询问和质询。

第十九条 农村基层干部遵守本规定的情况应当作为对其奖励惩处、考核评价、选拔任用、考录的重要依据。

第四章 违反规定行为的处理

第二十条 乡镇领导班子成员和基层站所负责人有违反本规定第一章所列行为的,视情节轻重,由有关机关、部门依照职责权限给予诫勉谈话、通报批评、调离岗位、责令辞职、免职、降职等处理。

需要给予处分的,依照有关规定办理。

乡镇党委和政府领导班子成员因工作失职,应当进行问责的,依照《关于实行党政领导干部问责的暂行规定》处理。

涉嫌犯罪的,移送司法机关依法处理。

第二十一条 村党组织领导班子成员有违反本规定第二章所列行为的,视情节轻重,由有关机关、部门依照职责权限给予警示谈话、责令公开检讨、通报批评、停职检查、责令辞职、免职等处理。

应当追究党纪责任的,依照《中国共产党纪律处分条例》给予相应的党纪处分。

涉嫌犯罪的,移送司法机关依法处理。

第二十二条 村民委员会成员有违反本规定第二章所列行为的,视情节轻重,由有关机关、部门依照职责权限给予警示谈话、责令公开检讨、通报批评、取消当选资格等处理或者责令其辞职,拒不辞职的,依照《中华人民共和国村民委员会组织法》的规定予以罢免。

对其中的党员,应当追究党纪责任的,依照《中国共产党纪律处分条例》给予相应的党纪处分。

涉嫌犯罪的,移送司法机关依法处理。

第二十三条 农村基层干部违反本规定获取的不正当经济利益,应当依法予以没收、追缴或者责令退赔;给国家、集体或者村民造成损失的,应当依照有关规定承担赔偿责任。

第二十四条 村党组织领导班子成员和村民委员会成员受到本规定第二十一条、第二十二条处理的,由县(市、区、旗)或者乡镇党委和政府按照规定减发或者扣发绩效补贴(工资)、奖金。

第二十五条 村党组织领导班子成员和村民委员会成员中的党员因违反本规定受到撤销党内职务处分的,或者受到留党察看处分恢复党员权利后，两年内不得担任村党组织领导班子成员；被责令辞职、免职的，一年内不得担任村党组织领导班子成员。

第五章　附　　则

第二十六条　本规定适用于乡镇党委和政府领导班子成员、人大主席团负责人、基层站所负责人，村（社区）党组织（含党委、总支、支部）领导班子成员、村（居）民委员会成员。

乡镇其他干部、基层站所其他工作人员，农村集体经济组织中的党组织（含党委、总支、支部）领导班子成员、农村集体经济组织负责人，村民小组负责人，参照执行本规定。

第二十七条　各省、自治区、直辖市党委和政府可以根据本规定，结合实际情况制定具体实施办法，并报中央纪委国家监委备案。

第二十八条　本规定由中央纪委国家监委负责解释。

第二十九条　本规定自发布之日起施行。

省级党委和政府扶贫开发工作成效考核办法

（2016年2月9日）

第一条 为了确保到2020年现行标准下农村贫困人口实现脱贫，贫困县全部摘帽，解决区域性整体贫困，根据《中共中央、国务院关于打赢脱贫攻坚战的决定》，制定本办法。

第二条 本办法适用于中西部22个省（自治区、直辖市）党委和政府扶贫开发工作成效的考核。

第三条 考核工作围绕落实精准扶贫、精准脱贫基本方略，坚持立足实际、突出重点，针对主要目标任务设置考核指标，注重考核工作成效；坚持客观公正、群众认可，规范考核方式和程序，充分发挥社会监督作用；坚持结果导向、奖罚分明，实行正向激励，落实责任追究，促使省级党委和政府切实履职尽责，改进工作，坚决打赢脱贫攻坚战。

第四条 考核工作从2016年到2020年，每年开展一次，由国务院扶贫开发领导小组组织进行，具体工作由国务院扶贫办、中央组织部牵头,会同国务院扶贫开发领导小组成员单位组织实施。

第五条 考核内容包括以下几个方面:

(一)减贫成效。考核建档立卡贫困人口数量减少、贫困县退出、贫困地区农村居民收入增长情况。

(二)精准识别。考核建档立卡贫困人口识别、退出精准度。

(三)精准帮扶。考核对驻村工作队和帮扶责任人帮扶工作的满意度。

(四)扶贫资金。依据财政专项扶贫资金绩效考评办法,重点考核各省(自治区、直辖市)扶贫资金安排、使用、监管和成效等。

第六条 考核工作于每年年底开始实施,次年2月底前完成,按以下步骤进行:

(一)省级总结。各省(自治区、直辖市)党委和政府,对照国务院扶贫开发领导小组审定的年度减贫计划,就工作进展情况和取得成效形成总结报告,报送国务院扶贫开发领导小组。

(二)第三方评估。国务院扶贫开发领导小组委托有关科研机构和社会组织,采取专项调查、抽样调查和实地核查等方式,对相关考核指标进行评估。

（三）数据汇总。国务院扶贫办会同有关部门对建档立卡动态监测数据、国家农村贫困监测调查数据、第三方评估和财政专项扶贫资金绩效考评情况等进行汇总整理。

（四）综合评价。国务院扶贫办会同有关部门对汇总整理的数据和各省（自治区、直辖市）的总结报告进行综合分析，形成考核报告。考核报告应当反映基本情况、指标分析、存在问题等，作出综合评价，提出处理建议，经国务院扶贫开发领导小组审议后，报党中央、国务院审定。

（五）沟通反馈。国务院扶贫开发领导小组向各省（自治区、直辖市）专题反馈考核结果，并提出改进工作的意见建议。

第七条 考核中发现下列问题的，由国务院扶贫开发领导小组提出处理意见：

（一）未完成年度减贫计划任务的；

（二）违反扶贫资金管理使用规定的；

（三）违反贫困县约束规定，发生禁止作为事项的；

（四）违反贫困退出规定，弄虚作假、搞“数字脱贫”的；

（五）贫困人口识别和退出准确率、帮扶工作群众满意度较低的；

（六）纪检、监察、审计和社会监督发现违纪违规问题的。

第八条 考核结果由国务院扶贫开发领导小组予以通

报。对完成年度计划减贫成效显著的省份,给予一定奖励。对出现本办法第七条所列问题的,由国务院扶贫开发领导小组对省级党委、政府主要负责人进行约谈,提出限期整改要求;情节严重、造成不良影响的,实行责任追究。考核结果作为对省级党委、政府主要负责人和领导班子综合考核评价的重要依据。

第九条 参与考核工作的中央部门应当严守考核工作纪律,坚持原则、公道正派、敢于担当,保证考核结果的公正性和公信力。各省(自治区、直辖市)应当及时、准确提供相关数据、资料和情况,主动配合开展相关工作,确保考核顺利进行。对不负责任、造成考核结果失真失实的,应当追究责任。

第十条 各省(自治区、直辖市)应当参照本办法,结合本地区实际制定相关办法,加强对本地区各级扶贫开发工作的考核。

第十一条 本办法由国务院扶贫办商中央组织部负责解释。

第十二条 本办法自 2016 年 2 月 9 日起施行。2012 年 1 月 6 日印发的《扶贫开发工作考核办法(试行)》同时废止。

脱贫攻坚责任制实施办法

（2016 年 10 月 11 日）

第一章　总　　则

第一条　为了全面落实脱贫攻坚责任制，根据《中共中央、国务院关于打赢脱贫攻坚战的决定》和中央有关规定，制定本办法。

第二条　本办法适用于中西部 22 个省（自治区、直辖市）党委和政府、有关中央和国家机关脱贫攻坚责任的落实。

第三条　脱贫攻坚按照中央统筹、省负总责、市县抓落实的工作机制，构建责任清晰、各负其责、合力攻坚的责任体系。

第二章　中 央 统 筹

第四条　党中央、国务院主要负责统筹制定脱贫攻坚大政方针，出台重大政策举措，完善体制机制，规划重大工程项目，协调全局性重大问题、全国性共性问题。

第五条 国务院扶贫开发领导小组负责全国脱贫攻坚的综合协调，建立健全扶贫成效考核、贫困县约束、督查巡查、贫困退出等工作机制，组织实施对省级党委和政府扶贫开发工作成效考核，组织开展脱贫攻坚督查巡查和第三方评估，有关情况向党中央、国务院报告。

第六条 国务院扶贫开发领导小组建设精准扶贫精准脱贫大数据平台，建立部门间信息互联共享机制，完善农村贫困统计监测体系。

第七条 有关中央和国家机关按照工作职责，运用行业资源落实脱贫攻坚责任，按照《贯彻实施〈中共中央、国务院关于打赢脱贫攻坚战的决定〉重要政策措施分工方案》要求制定配套政策并组织实施。

第八条 中央纪委机关对脱贫攻坚进行监督执纪问责，最高人民检察院对扶贫领域职务犯罪进行集中整治和预防，审计署对脱贫攻坚政策落实和资金重点项目进行跟踪审计。

第三章 省负总责

第九条 省级党委和政府对本地区脱贫攻坚工作负总责，并确保责任制层层落实；全面贯彻党中央、国务院关于脱贫攻坚的大政方针和决策部署，结合本地区实际制定政策措施，根据脱贫目标任务制定省级脱贫攻坚滚动规划和年度计划并组织实施。省级党委和政府主要负责人向中央签署脱贫责任书，每年向中央报告扶贫脱贫进展情况。

第十条　省级党委和政府应当调整财政支出结构，建立扶贫资金增长机制，明确省级扶贫开发投融资主体，确保扶贫投入力度与脱贫攻坚任务相适应；统筹使用扶贫协作、对口支援、定点扶贫等资源，广泛动员社会力量参与脱贫攻坚。

第十一条　省级党委和政府加强对扶贫资金分配使用、项目实施管理的检查监督和审计，及时纠正和处理扶贫领域违纪违规问题。

第十二条　省级党委和政府加强对贫困县的管理，组织落实贫困县考核机制、约束机制、退出机制；保持贫困县党政正职稳定，做到不脱贫不调整、不摘帽不调离。

第四章　市 县 落 实

第十三条　市级党委和政府负责协调域内跨县扶贫项目，对项目实施、资金使用和管理、脱贫目标任务完成等工作进行督促、检查和监督。

第十四条　县级党委和政府承担脱贫攻坚主体责任，负责制定脱贫攻坚实施规划，优化配置各类资源要素，组织落实各项政策措施，县级党委和政府主要负责人是第一责任人。

第十五条 县级党委和政府应当指导乡、村组织实施贫困村、贫困人口建档立卡和退出工作,对贫困村、贫困人口精准识别和精准退出情况进行检查考核。

第十六条 县级党委和政府应当制定乡、村落实精准扶贫精准脱贫的指导意见并监督实施,因地制宜,分类指导,保证贫困退出的真实性、有效性。

第十七条 县级党委和政府应当指导乡、村加强政策宣传,充分调动贫困群众的主动性和创造性,把脱贫攻坚政策措施落实到村到户到人。

第十八条 县级党委和政府应当坚持抓党建促脱贫攻坚,强化贫困村基层党组织建设,选优配强和稳定基层干部队伍。

第十九条 县级政府应当建立扶贫项目库,整合财政涉农资金,建立健全扶贫资金项目信息公开制度,对扶贫资金管理监督负首要责任。

第五章 合力攻坚

第二十条 东西部扶贫协作和对口支援双方各级党政主要负责人必须亲力亲为,推动建立精准对接机制,聚焦脱贫攻坚,注重帮扶成效,加强产业带动、劳务协作、人才交流等方面的合作。东部地区应当根据财力增长情况,逐步增加帮扶投入；西部地区应当主动对接，整合用好资源。

第二十一条 各定点扶贫单位应当紧盯建档立卡贫困人口，细化实化帮扶措施，督促政策落实和工作到位，切实做到扶真贫、真扶贫，不脱贫不脱钩。

第二十二条 军队和武警部队应当发挥组织严密、突击力强等优势，积极参与地方脱贫攻坚，有条件的应当承担定点帮扶任务。

第二十三条 各民主党派应当充分发挥在人才和智力扶贫上的优势和作用，做好脱贫攻坚民主监督工作。

第二十四条 民营企业、社会组织和公民个人应当积极履行社会责任，主动支持和参与脱贫攻坚。

第六章 奖 惩

第二十五条 各级党委和政府、扶贫开发领导小组以及有关中央和国家机关可以按照有关规定对落实脱贫攻坚责任到位、工作成效显著的部门和个人，以适当方式予以表彰，并作为干部选拔使用的重要依据；对不负责任、造成不良影响的，依纪依法追究相关部门和人员责任。

第二十六条 各级党委和政府、扶贫开发领导小组以及有关中央和国家机关对在脱贫攻坚中作出突出贡献的社会帮扶主体，予以大力宣传，并按照有关规定进行表彰。

第七章　附　　则

第二十七条　中西部22个省(自治区、直辖市)应当参照本办法,结合本地区实际制定实施细则。其他省(自治区、直辖市)可以参照本办法实施。

第二十八条　本办法由国务院扶贫开发领导小组办公室负责解释。

第二十九条　本办法自2016年10月11日起施行。

中央生态环境保护督察工作规定

（2019 年 6 月 6 日）

第一章 总 则

第一条 为了规范生态环境保护督察工作，压实生态环境保护责任，推进生态文明建设，建设美丽中国，根据《中共中央、国务院关于全面加强生态环境保护坚决打好污染防治攻坚战的意见》、《中华人民共和国环境保护法》等要求，制定本规定。

第二条 中央实行生态环境保护督察制度，设立专职督察机构，对省、自治区、直辖市党委和政府、国务院有关部门以及有关中央企业等组织开展生态环境保护督察。

第三条 中央生态环境保护督察工作以习近平新时代中国特色社会主义思想为指导，深入贯彻落实习近平生态文明思想，增强“四个意识”、坚定“四个自信”、做到“两个维护”，认真贯彻落实党中央、国务院决策部署，坚持以人民为中心，以解决突出生态环境问题、改善生态环境质量、推动高质量发展为重点，夯实生态文明建设和生态环境保护政治责任，强化督察问责、形成警示震慑、推进工作落实、实现标本兼治，不断满足人民日益增长的美好生活需要。

第四条 中央生态环境保护督察坚持和加强党的全面领导，提高政治站位；坚持问题导向，动真碰硬，倒逼责任落实；坚持依规依法，严谨规范，做到客观公正；坚持群众路线，信息公开，注重综合效能；坚持求真务实，真抓实干，反对形式主义、官僚主义。

第五条 中央生态环境保护督察包括例行督察、专项督察和“回头看”等。

原则上在每届党的中央委员会任期内，应当对各省、自治区、直辖市党委和政府，国务院有关部门以及有关中央企业开展例行督察，并根据需要对督察整改情况实施“回头看”；针对突出生态环境问题，视情组织开展专项督察。

第六条 中央生态环境保护督察实施规划计划管理。五年工作规划经党中央、国务院批准后实施。年度工作计划应当明确当年督察工作具体安排，以保障五年规划任务落实到位。

第二章 组织机构和人员

第七条 成立中央生态环境保护督察工作领导小组，负责组织协调推动中央生态环境保护督察工作。领导小组组长、副组长由党中央、国务院研究确定,组成部门包括中央办公厅、中央组织部、中央宣传部、国务院办公厅、司法部、生态环境部、审计署和最高人民检察院等。

中央生态环境保护督察办公室设在生态环境部,负责中央生态环境保护督察工作领导小组的日常工作,承担中央生态环境保护督察的具体组织实施工作。

第八条 中央生态环境保护督察工作领导小组的职责是:

(一)学习贯彻落实习近平生态文明思想,研究在实施中央生态环境保护督察工作中的具体贯彻落实措施;

(二)贯彻落实党中央、国务院关于生态环境保护督察的决策部署;

(三)向党中央、国务院报告中央生态环境保护督察工作有关情况;

(四)审议中央生态环境保护督察制度规范、督察报告;

(五)听取中央生态环境保护督察办公室有关工作情况的汇报;

(六)审议中央生态环境保护督察其他重要事项。

第九条 中央生态环境保护督察办公室的职责是:

(一)向中央生态环境保护督察工作领导小组报告工作

情况,组织落实领导小组确定的工作任务;

(二)负责拟订中央生态环境保护督察法规制度、规划计划、实施方案,并组织实施;

(三)承担中央生态环境保护督察组的组织协调工作;

(四)承担督察报告审核、汇总、上报,以及督察反馈、移交移送的组织协调和督察整改的调度督促等工作;

(五)指导省、自治区、直辖市开展省级生态环境保护督察工作;

(六)承担领导小组交办的其他事项。

第十条 根据中央生态环境保护督察工作安排,经党中央、国务院批准,组建中央生态环境保护督察组,承担具体生态环境保护督察任务。

中央生态环境保护督察组设组长、副组长。督察组实行组长负责制,副组长协助组长开展工作。组长由现职或者近期退出领导岗位的省部级领导同志担任,副组长由生态环境部现职部领导担任。

建立组长人选库,由中央组织部商生态环境部管理。组长、副组长人选由中央组织部履行审核程序。

组长、副组长根据每次中央生态环境保护督察任务确定并授权。

第十一条 中央生态环境保护督察组成员以生态环境

部各督察局人员为主体,并根据任务需要抽调有关专家和其他人员参加。中央生态环境保护督察组成员应当具备下列条件:

(一)理想信念坚定,对党忠诚,在思想上政治上行动上同以习近平同志为核心的党中央保持高度一致;

(二)坚持原则,敢于担当,依法办事,公道正派,清正廉洁;

(三)遵守纪律,严守秘密;

(四)熟悉中央生态环境保护督察工作或者相关政策法规,具有较强的业务能力;

(五)身体健康,能够胜任工作要求。

第十二条 加强中央生态环境保护督察队伍建设,选配中央生态环境保护督察组成员应当严格标准条件,对不适合从事督察工作的人员应当及时予以调整。

第十三条 中央生态环境保护督察组成员实行任职回避、地域回避、公务回避,并根据任务需要进行轮岗交流。

第三章 督察对象和内容

第十四条 中央生态环境保护例行督察的督察对象包括:

(一)省、自治区、直辖市党委和政府及其有关部门,并可以下沉至有关地市级党委和政府及其有关部门；

（二）承担重要生态环境保护职责的国务院有关部门；

（三）从事的生产经营活动对生态环境影响较大的有关中央企业；

（四）其他中央要求督察的单位。

第十五条　中央生态环境保护例行督察的内容包括：

（一）学习贯彻落实习近平生态文明思想以及贯彻落实新发展理念、推动高质量发展情况；

（二）贯彻落实党中央、国务院生态文明建设和生态环境保护决策部署情况；

（三）国家生态环境保护法律法规、政策制度、标准规范、规划计划的贯彻落实情况；

（四）生态环境保护党政同责、一岗双责推进落实情况和长效机制建设情况；

（五）突出生态环境问题以及处理情况；

（六）生态环境质量呈现恶化趋势的区域流域以及整治情况；

（七）对人民群众反映的生态环境问题立行立改情况；

（八）生态环境问题立案、查处、移交、审判、执行等环节非法干预，以及不予配合等情况；

（九）其他需要督察的生态环境保护事项。

第十六条 中央生态环境保护督察“回头看”主要对例行督察整改工作开展情况、重点整改任务完成情况和生态环境保护长效机制建设情况等，特别是整改过程中的形式主义、官僚主义问题进行督察。

第十七条 中央生态环境保护专项督察直奔问题、强化震慑、严肃问责，督察事项主要包括：

（一）党中央、国务院明确要求督察的事项；

（二）重点区域、重点领域、重点行业突出生态环境问题；

（三）中央生态环境保护督察整改不力的典型案件；

（四）其他需要开展专项督察的事项。

第十八条 中央生态环境保护例行督察、“回头看”的有关工作安排应当报党中央、国务院批准。

中央生态环境保护专项督察的组织形式、督察对象和督察内容应当根据具体督察事项和要求确定。重要专项督察的有关工作安排应当报党中央、国务院批准。

第四章　督察程序和权限

第十九条 中央生态环境保护督察一般包括督察准备、督察进驻、督察报告、督察反馈、移交移送、整改落实和立卷归档等程序环节。

第二十条 督察准备工作主要包括以下事项：

（一）向党中央、国务院有关部门和单位了解被督察对象有关情况以及问题线索；

（二）组织开展必要的摸底排查；

（三）确定组长、副组长人选，组成中央生态环境保护督察组，开展动员培训；

（四）制定督察工作方案；

（五）印发督察进驻通知，落实督察进驻各项准备工作。

第二十一条 中央生态环境保护督察进驻时间应当根据具体督察对象和督察任务确定。督察进驻主要采取以下方式开展工作：

（一）听取被督察对象工作汇报和有关专题汇报；

（二）与被督察对象党政主要负责人和其他有关负责人进行个别谈话；

（三）受理人民群众生态环境保护方面的信访举报；

（四）调阅、复制有关文件、档案、会议记录等资料；

（五）对有关地方、部门、单位以及个人开展走访问询；

（六）针对问题线索开展调查取证，并可以责成有关地方、部门、单位以及个人就有关问题做出书面说明；

（七）召开座谈会，列席被督察对象有关会议；

（八）到被督察对象下属地方、部门或者单位开展下沉督察；

（九）针对督察发现的突出问题，可以视情对有关党政领导干部实施约见或者约谈；

（十）提请有关地方、部门、单位以及个人予以协助；

（十一）其他必要的督察工作方式。

第二十二条　督察进驻结束后，中央生态环境保护督察组应当在规定时限内形成督察报告，如实报告督察发现的重要情况和问题，并提出意见和建议。

督察报告应当以适当方式与被督察对象交换意见，经中央生态环境保护督察工作领导小组审议后，报党中央、国务院。

第二十三条　督察报告经党中央、国务院批准后，由中央生态环境保护督察组向被督察对象反馈，指出督察发现的问题，明确督察整改工作要求。

第二十四条　督察结果作为对被督察对象领导班子和领导干部综合考核评价、奖惩任免的重要依据，按照干部管理权限送有关组织（人事）部门。

对督察发现的重要生态环境问题及其失职失责情况，督察组应当形成生态环境损害责任追究问题清单和案卷，按照有关权限、程序和要求移交中央纪委国家监委、中央组织部、国务院国资委党委或者被督察对象。

对督察发现需要开展生态环境损害赔偿工作的，移送省、自治区、直辖市政府依照有关规定索赔追偿；需要提起公益诉讼的，移送检察机关等有权机关依法处理。

对督察发现涉嫌犯罪的，按照有关规定移送监察机关或者司法机关依法处理。

第二十五条 被督察对象应当按照督察报告制定督察整改方案，在规定时限内报党中央、国务院。

被督察对象应当按照督察整改方案要求抓好整改落实工作，并在规定时限内向党中央、国务院报送督察整改落实情况。

中央生态环境保护督察办公室应当对督察整改落实情况开展调度督办，并组织抽查核实。对整改不力的，视情采取函告、通报、约谈、专项督察等措施，压实责任，推动整改。

第二十六条 中央生态环境保护督察过程中产生的有关文件、资料应当按照要求整理保存，需要归档的，按照有关规定办理。

第二十七条 加强边督边改工作。对督察进驻过程中人民群众举报的生态环境问题，以及督察组交办的其他问题，被督察对象应当立行立改，坚决整改，确保有关问题查处到位、整改到位。

第二十八条 加强督察问责工作。对不履行或者不正确履行职责而造成生态环境损害的地方和单位党政领导干部,应当依纪依法严肃、精准、有效问责;对该问责而不问责的,应当追究相关人员责任。

第二十九条 加强信息公开工作。中央生态环境保护督察的具体工作安排、边督边改情况、有关突出问题和案例、督察报告主要内容、督察整改方案、督察整改落实情况,以及督察问责有关情况等,应当按照有关要求对外公开,回应社会关切,接受群众监督。

第五章 督察纪律和责任

第三十条 中央生态环境保护督察应当严明政治纪律和政治规矩,严格执行中央八项规定及其实施细则精神,严格落实各项廉政规定。

中央生态环境保护督察组督察进驻期间应当按照有关规定建立临时党支部,落实全面从严治党要求,加强督察组成员教育、监督和管理。

第三十一条 中央生态环境保护督察组应当严格执行请示报告制度。督察中发现的重要情况和重大问题,应当向中央生态环境保护督察工作领导小组或者中央生态环境保护督察办公室请示报告,督察组成员不得擅自表态和处置。

第三十二条 中央生态环境保护督察组应当严格落实各项保密规定。督察组成员应当严格保守中央生态环境保护督察工作秘密,未经批准不得对外发布或者泄露中央生态环境保护督察有关情况。

第三十三条　中央生态环境保护督察组不得干预被督察对象正常工作,不处理被督察对象的具体问题。

第三十四条　中央生态环境保护督察组应当严格遵守中央生态环境保护督察纪律、程序和规范,正确履行职责。督察组成员有下列情形之一,视情节轻重,依纪依法给予批评教育、组织处理或者党纪处分、政务处分;涉嫌犯罪的,按照有关规定移送监察机关或者司法机关依法处理:

(一)不按照工作要求开展督察,导致应当发现的重要生态环境问题没有发现的;

(二)不如实报告督察情况,隐瞒、歪曲、捏造事实的;

(三)工作中超越权限,或者不按照规定程序开展督察工作,造成不良后果的;

(四)利用督察工作的便利谋取私利或者为他人谋取不正当利益的;

(五)泄露督察工作秘密的;

(六)有违反督察工作纪律的其他行为的。

第三十五条　生态环境部以及中央生态环境保护督察办公室应当加强对生态环境保护督察工作的组织协调。对生态环境保护督察工作组织协调不力,造成不良后果的,依照有关规定追究相关人员责任。

第三十六条 有关部门和单位应当支持协助中央生态环境保护督察。对违反规定推诿、拖延、拒绝支持协助中央生态环境保护督察,造成不良后果的,依照有关规定追究相关人员责任。

第三十七条 被督察对象应当自觉接受中央生态环境保护督察,积极配合中央生态环境保护督察组开展工作,如实向督察组反映情况和问题。被督察对象及其工作人员有下列情形之一,视情节轻重,对其党政领导班子主要负责人或者其他有关责任人,依纪依法给予批评教育、组织处理或者党纪处分、政务处分;涉嫌犯罪的,按照有关规定移送监察机关或者司法机关依法处理:

(一)故意提供虚假情况,隐瞒、歪曲、捏造事实的;

(二)拒绝、故意拖延或者不按照要求提供相关资料的;

(三)指使、强令有关单位或者人员干扰、阻挠督察工作的;

(四)拒不配合现场检查或者调查取证的;

(五)无正当理由拒不纠正存在的问题,或者不按照要求推进整改落实的;

(六)对反映情况的干部群众进行打击、报复、陷害的;

(七)采取集中停工停产停业等"一刀切"方式应对督察的;

（八）其他干扰、抵制中央生态环境保护督察工作的情形。

第三十八条 被督察对象地方、部门和单位的干部群众发现中央生态环境保护督察组成员有本规定第三十四条所列行为的，应当向有关机关反映。

第六章 附 则

第三十九条 生态环境保护督察实行中央和省、自治区、直辖市两级督察体制。各省、自治区、直辖市生态环境保护督察，作为中央生态环境保护督察的延伸和补充，形成督察合力。省、自治区、直辖市生态环境保护督察可以采取例行督察、专项督察、派驻监察等方式开展工作，严格程序，明确权限，严肃纪律，规范行为。

地市级及以下地方党委和政府应当依规依法加强对下级党委和政府及其有关部门生态环境保护工作的监督。

第四十条 省、自治区、直辖市生态环境保护督察工作参照本规定执行。

第四十一条 本规定由生态环境部负责解释。

第四十二条 本规定自2019年6月6日起施行。

中共中央关于加强农村基层组织建设的通知

（1994年11月5日）

为了贯彻落实党的十四届四中全会的决定，大力加强农村以党组织为核心的基层组织建设，推进农村的改革、发展、稳定和全面进步，特作如下通知。

一、实现新时期党在农村的历史任务，必须大力加强农村基层组织建设

1. 我国的改革开放和现代化建设正处在关键时期。全党全国人民正在为本世纪末初步建立起社会主义市场经济体制和实现人民生活达到小康水平的目标努力奋斗。农业是国民经济和整个社会主义现代化建设的基础。农民是建设有中国特色社会主义的一支基本依靠力量。在今后几年中，我国农业要登上新台阶，农村改革要有新进展，农村社会面貌要有新变化，全国大多数农村要达到小康标准，任务十分艰巨。必须动员各方面的力量，作出艰苦的努力，其中最重要的一项基础工作，就是加强农村基层组织建设。进一步建设好全国农村80多万个基层组织，才能保证党的基本路线和各项方针政策的贯彻落实，把亿万农民紧密团结在党的周围，凝聚成建设社会主义新农村的强大力量，推进农村改革的深化、经济的发展和社会的进步。全党同志必须从全局的战略的高度，充分认识加强农村基层组织建设的重大意义。

2. 几年来，特别是邓小平同志视察南方重要谈话和党的十四大以来，各级党委按照中央的部署，积极推进以党支部为核心的村级组织建设，做了大量工作，收到了明显成效。我国农村的深刻变化和巨大进步，与农村基层组织和广大基层干部、共产党员的辛勤工作是分不开的。对此，必须充分肯定。同时应当清醒地看到，随着社会主义市场经济的发展，农村基层组织面临着许多新情况，程度不同地存在一些同新形势不相适应的问题。主要是：相当一部分基层组织领导班子整体功能不强，尤其缺少带领农民群众发展社会主义市场经济、加快奔小康步伐的本领；年富力强的基层干部和青年党员普遍偏少；随着二、三产业的迅速发展，各种形式的新的经济组织大量出现，外出流动的党员越来越多，基层党组织的设置和工作内容、工作方式亟待调整和改进；不少村双层经营体制不健全，集体经济实力薄弱，无力为农户提供必要的服务，缺乏凝聚群众的物质基础；特别是还有一部分基层组织软弱涣散，有的甚至处于瘫痪状态。这些问题的存在，同有些地方领导机关忽视基层组织建设有着密切的关系，必须引起高度重视，认真加以解决。否则，不仅难以完成新时期党在农村的历史任务，而且将严重削弱甚至动摇党在农村的工作基础。

当前，我国农村总的形势是好的。农村的改革和建设面临着良好的机遇。各级党委务必认清形势，抓住有利时机，下真功夫、苦功夫，大力加强农村基层组织建设，使这方面的工作取得新的进展，务必收到明显效果。

二、加强农村基层组织建设的主要目标和指导思想

3. 农村基层组织建设，包括乡（镇）、村两级，重点是村。今后几年，要努力实现以下五项目标：一是建设一个好领导班子，尤其要有一个好书记，能够团结带领群众坚决贯彻执行党的路线方针政策。二是培养锻炼一支好队伍，共产党员能够发挥先锋模范作用，干部能够发挥示范带头作用，共青团员能够发挥助手和后备军作用。三是选准一条发展经济的好路子，充分发挥当地优势，加快农民脱贫致富奔小康的步伐。四是完善一个好经营体制，把集体统一经营的优越性和农户承包经营的积极性结合起来，增强经济发展的活力，引导和帮助农民走共同富裕的道路。五是健全一套好的管理制度，体现民主管理原则，保证工作有效运转，使村级各项工作逐步走上制度化、规范化的轨道。

4. 省（自治区、直辖市）、地（市）、县（市）都要在调查研究的基础上，按照“五个好”的目标，制订今后几年加强农村基层组织建设的具体规划，并按年度组织实施。对不同情况的基层组织，要提出不同的要求，实行分类指导。当务之急，是力争在3年内把处于软弱涣散和瘫痪状态的基层组织整顿和建设好，真正解决阻碍改革、发展、稳定的突出问题。尤其对由于领导班子的原因经济长期落后的村，社会治安状况严重混乱的村，干群关系特别紧张的村，宗族、宗教干预和把持村务的村，邪恶势力横行乡里的村，要选派得力干部下去，依靠当地党员、干部和群众，逐个进行整顿。对贯彻党的路线方针政策得力、经济发展快、社会风气好的先进村，要对领导班子建设提出更高的要求，对经济发展提出新的目标，使各方面工作更上一层楼，充分发挥其示范、辐射、帮带作用。对中间状态的村，要加强领导班子建设，加快经济发展步伐，搞好精神文明建设，如期实现小康目标。

5. 农村基层组织建设的全部工作，必须以邓小平同志建设有中国特色社会主义理论和党的基本路线为指导，坚持解放思想和实事求是相统一，坚持从群众中来到群众中去，认真贯彻以下指导思想和工作方针。

——加强农村基层组织建设,要着眼和落脚于保证党的基本路线和农村政策的有效贯彻执行,团结带领广大农民群众为实现农村发展的宏伟目标努力奋斗。始终坚持以经济建设为中心,以奔小康、建设社会主义新农村为目标,使搞好农村基层组织建设与推动农村改革、发展、稳定结合起来,相互促进。既要防止脱离经济建设这个中心就基层组织抓基层组织的倾向,也要防止就经济抓经济,忽视基层组织建设的倾向。

——抓住党组织建设这个关键,贯彻从严治党的方针,从思想上、组织上、作风上全面加强农村基层党组织建设,增强解决自身问题的能力,以充分发挥党组织在带领农民群众实现共同富裕和共同进步中的核心领导作用。

——把农村基层组织建设作为一个系统工程,配套地抓好以党支部为核心的村级组织建设,同时抓好以增强服务功能为重点的经营体制建设,以民主管理为主要内容的工作制度建设。这几项建设是相互联系的整体,要全面搞好,不能单打一。

——要在改革和发展中研究新情况,解决新问题。总结推广已有的成功经验,并在实践中丰富、完善、提高,同时随着形势的发展,大胆探索,勇于试验,创造和积累新的经验,把基层组织建设工作提高到新的水平。

三、村党支部和其他组织都要把贯彻执行党的基本路线、团结带领农民群众奔小康作为根本任务

6. 全面发展农村经济,保证农产品有效供给,增加农民收入,是党在农村的中心任务,也是广大农民群众的愿望和要求。农村基层党组织要紧紧抓住这个中心,按照市场需求,发挥本地优势,拓宽致富门路,加快经济发展的步伐。要坚持以公有制为主体,多种经济成份共同发展的方针。要树立大农业、大市场、大流通的观念,保持粮食、棉花稳定增产,积极发展多种经营。大力发展乡镇企业,逐步走贸工农一体化、产供销一条龙的路子。要有计划地组织农村劳动力,投入农田基本建设,发展二、三产业,建设小城镇。先富的乡村要带动帮助贫困乡村共同致富。经济落后的乡村,要自力更生,艰苦奋斗,挖掘本地潜力,加强同发达地区的互利合作,加快脱贫致富步伐。

7. 家庭联产承包为主的责任制、统分结合的双层经营体制,是我国农村的基本经济制度。家庭承包经营要长期稳定,在此基础上,要充实集体统一经营的内容,逐步壮大集体经济实力,增强服务功能,使集体经济内部统一经营和家庭承包分散经营两个层次都得到发展。壮大集体经济的主要途径是:搞好清理财务工作,把集体资产管理好、利用好;完善各业承包责任制,按照合同合理提取承包金;充分利用本

地资源，积极组织开发性生产，兴办经济实体，大力发展乡村工业和第三产业，等等。对贫困地区发展乡村企业和多种经营，要加大扶持力度。

8. 农村基层党组织必须认真贯彻“两手抓，两手都要硬”的方针，紧紧抓住发展农村生产力这个中心，同时加强社会主义精神文明建设，提高广大农民的思想道德水平和科学文化水平。深入开展创建文明村镇、文明农户活动。针对农民特别是青年农民的思想状况，采取他们易于接受的方式，加强经常性的思想政治工作，坚持爱国主义、集体主义、社会主义教育，加强法制教育，大力提倡艰苦奋斗、勤劳致富、互助互爱的精神。要丰富农村文化生活，推动移风易俗，同时加强对农村文化市场的管理和监督，坚决打击印制、扩散内容反动、色情淫秽书刊和音像制品及其他非法出版物等违法活动，坚定不移地用健康、文明、进步的思想和风尚占领农村阵地。

四、加强农村基层党组织建设，增强凝聚力和战斗力

9. 党支部建设要重点抓好领导班子建设，选好支部书记，形成能带领农民群众奔小康的坚强集体。要解放思想，按照德才兼备原则，选拔认真贯彻党的路线方针政策、公正廉洁、年富力强、能带领群众致富的人，担任支部书记。尤其要注意选用那些尊重知识和人才、善于聚才用才的人。对经

过实践考验，胜任工作，群众拥护的现任支部书记，要给予支持。确实难以胜任的，要及时调整。有的村一时没有适合担任支部书记的人选，可采取从党政机关、乡镇企业挑选优秀分子到村任职等办法解决。要开阔视野，拓宽渠道，有计划地从在乡知识青年、退伍军人、乡村企业骨干、外出务工经商的优秀分子中，发现人才，精心培养，经过几年努力，使每个县、乡形成既能带领群众实现本世纪末的奋斗目标，又能在进入 21 世纪后发挥骨干作用的村级干部群体。

10. 根据新的情况合理调整基层党组织设置，改进领导方式和工作方法。适应农村产业结构、劳动力就业结构以及党员分布情况的变化，党组织要及时调整设置形式。党支部、村委会、集体经济组织主要领导成员可以适当交叉兼职，保持精干，注重工作效率。经济发展比较快、党员比较多的村，可以酌情成立村党委或村总支。农工商各业都比较发达的村，可改变单纯以行政村或居住区域建立党组织的格局，根据需要在某些行业和规模较大、党员较多的企业建立党组织。各种所有制的经济组织，凡是有党员 3 人以上的，都应建立党组织；不足 3 人的，可与其他单位联合建立党组织。所有基层党组织都要严格执行民主集中制，建立健全工作制度，积极主动地开展活动，加强党内监督。

11. 加强和改进对农村党员的教育和管理，帮助党员全面提高素质、增强党性。从现在起，用3年左右时间，有计划有步骤地组织全体农村党员开展学习建设有中国特色社会主义理论和学习党章的活动。学习要联系实际，开展批评与自我批评，促进农村基层组织的“五个好”建设，推动后进乡村的转化。这项工作，主要由县(市)委负责组织实施。要坚持、完善党员教育管理工作的目标责任制。把必要的集中教育与经常教育结合起来，思想教育与解决实际问题结合起来，发扬积极因素与克服消极因素结合起来，坚持党的民主生活会制度与坚持民主评议党员结合起来，增强基层党组织的活力。要用各种生动活泼的形式，开展争创先进党支部、争当优秀党员的活动，使教育管理与两个文明建设相互促进。对优秀党员要大力表彰，不合格的党员应分别情况妥善处理，证据确凿的腐败分子必须坚决清除。要加强对离乡外出做工经商的党员的教育管理，抓紧研究和试行对农村外出党员实行统一的流动党员活动证制度，使他们能及时参加外出所在地区党组织的生活，既接受教育和监督，又能得到必要的帮助和关心。

12. 认真做好在优秀青年积极分子中培养和发展党员的工作。要采取有效措施，尽快扭转农村青年党员绝对数量下降的趋势。对那些长期没有发展党员，以致党员队伍严重老化的乡村，要抓紧帮助解决存在的问题。要加强在妇女中培养和发展党员的工作。发展新党员,必须把工作基础放在切实加强对积极分子的培养教育上,严格执行党章及有关规定,坚持标准,保证质量。共青团组织要做好推荐优秀团员作党员发展对象的工作。

五、健全村民自治组织、集体经济组织和群团组织,促进村级各项工作的制度化、规范化

13. 要认真贯彻执行《村民委员会组织法(试行)》,健全村民委员会和村民小组,完善村民自治制度,更好地发挥基层群众自治组织自我管理、自我教育、自我服务的作用。党支部要加强对村民委员会的领导,支持村民委员会依法开展工作。村民委员会必须把自己置于党支部领导之下,积极主动地做好职责范围内的工作。乡镇政府应当尊重村民委员会的法律地位,支持其工作;村民委员会应当积极取得乡镇政府的指导、支持和帮助,在履行村民自治职能的同时,积极完成乡镇政府布置的工作任务。要广泛开展依法建制、以制治村、民主管理活动,调动农民群众当家作主的积极性。继续开展村民自治示范活动。当前应着重抓好:(一)村民选举制度。村委会成员,坚持由民主选举产生。选举要依法办事,加强引导,尊重村民的民主权利,坚决反对和纠正选举中的违法违章活动。(二)村民议事制度。村里的大事,包括经济和社会发展的规划、公益事业的兴办以及群众普遍关切的热点问题的处理等，都必须依据有关法规由村民代表会议或村民大会讨论，按照民主集中制的原则作出决定，不能由个人或少数人说了算。（三）村务公开制度。凡涉及全村群众利益的事情，特别是财务收支、宅基地审批、当年获准生育的妇女名单及各种罚款的处理等，都必须定期向村民张榜公布，接受群众监督。（四）村规民约制度。按照国家法律、法规和政策，根据当地情况，从本村群众迫切要求解决的问题入手，经村民代表会议或村民民主讨论，制定包括本村干部在内的全体村民都必须遵守的章程，规范大家的行为，并逐步充实内容，完善实施办法。

14. 建立健全集体经济组织，充分发挥其生产服务、协调管理、资产积累、资源开发、兴办企业等职能作用。要充实懂经营、会管理的骨干力量，充实服务内容，积极开展服务活动，提高服务质量。根据经济发展的需要，可逐步发展各种专业性服务组织，为农户提供产前、产中、产后服务，引导和帮助农民更有成效地进入市场。集体经济组织内部活动和对外交往，要建立必要的制度。重大事项必须经过民主讨论决定。各业承包要按有关的规定办事，认真签订和履行合同。加强财务管理，实行民主理财，定期公布收支，接受服务监督。

15. 加强青年、妇女、民兵等组织的建设。党组织要把共青团的建设放在重要位置上，支持团组织的工作，用适合青年特点的方式，把农村中最活跃、最有生气的力量团结起来，充分发挥他们在改革和建设中的生力军作用。要重视、关心农村妇女组织的建设和工作，进一步发挥其联系妇女群众的桥梁和纽带作用。要重视和加强民兵组织建设。要支持群团组织从各自的特点出发，紧紧围绕党的中心工作开展活动，为发展经济、共奔小康建功立业。所有的群团组织，都要根据所联系群众的职业分布和流动趋势的变化，调整自身的组织设置和工作方式，构建新形势下团结、联系本组织成员的新型纽带。对于不能正常开展活动的村级群团组织，党支部和乡镇党委、群团组织要切实负起责任，逐一分析原因，分别采取措施进行整顿，帮助解决问题。

16. 要建立健全村、组治保组织和人民调解组织，培养骨干力量，及时调解民事纠纷，化解人民内部矛盾。要发动、组织和依靠群众，搞好群防群治，强化社会治安综合治理，反对封建迷信，严禁赌博，制止非法的宗教、宗族活动，惩治违法犯罪行为，维护和保持农村社会的稳定。今明两年，首先要把邪恶势力横行、社会治安混乱的村坚决整治好，做到整治一个村，就巩固一个村。

六、抓好农村基层干部队伍建设，全面提高基层干部素质

17. 全国农村几百万基层干部，是贯彻党在农村的方针政策，完成各项任务，团结带领广大农民建设社会主义新农村的骨干力量。这支队伍的主流是好的。但是,相当一部分干部的素质同所担负的任务还不适应。要采取有效措施,加大培训力度,帮助他们学习邓小平同志建设有中国特色社会主义理论,学习社会主义市场经济知识,学习科技和文化。各地都应根据本地情况制定规划,对村级主要干部分期分批地进行培训。每年至少培训 10 天,每次解决几个最急需解决的问题。可以组织村干部轮流到县、乡党校学习,也可以组织到奔小康示范村实地考察,交流经验,互帮互助。

18. 要保护和调动农村基层干部的积极性。广大基层干部处在农村工作第一线,肩负的任务重,面临的矛盾多,工作非常辛苦。各级党委、政府和各部门,要满腔热情地关心、帮助、支持他们的工作。(一)政治上关心爱护。对那些公正清廉,奋力工作,为农村发展和进步做出了突出贡献的优秀村干部,要充分肯定成绩,宣传他们的精神风貌,在社会上形成尊重基层干部的风气。(二)建立适合农村基层特点的激励机制,使村干部干有所为,退有所安,老有所养。提倡干部报酬同工作实绩挂钩,并保证兑现。对群众公认有突出贡献的干部要给以奖励。积极创造条件,建立村干部养老保险制度,或者对离任村干部根据任职时间和贡献给以适当补贴。对一些贫困村中本来很低的干部报酬补贴尚不能兑现的问题,所在县、乡要积极设法解决。特别困难的地方,上级组织应给予必要的帮助。(三)支持村干部依法行使职权,大胆进行工作。要实事求是地评价基层干部的功过是非,公道正派地对待每一个干部。对坚持原则、努力工作的干部要给予支持,有了缺点要从爱护出发耐心进行帮助,属于与上级工作有关的问题,领导要主动承担责任。对于打击报复村干部的行为,要旗帜鲜明地坚决制止,构成违法犯罪的要依法严惩。(四)要把从优秀村干部中招聘录用乡镇干部作为一项重要制度长期坚持下去,并在实践中加以完善。

19. 抓好农村基层干部的思想作风建设。着重教育他们坚持解放思想、实事求是的思想路线,牢记全心全意为人民服务的宗旨,努力学会在工作中走群众路线,发扬艰苦奋斗、任劳任怨的精神,自觉抵制拜金主义、个人主义和腐朽生活方式的侵蚀,克服简单粗暴的工作作风,反对弄虚作假。对思想作风有问题的干部,要及时批评教育。对违纪犯法的,要及时查处。

七、加强乡镇党委和乡镇政权建设,使其切实担负起加强村级组织建设的责任

20. 乡镇党委、政府对村级组织建设负有直接的责任,必须用足够的精力,扎扎实实、坚持不懈地抓好这项工作。要实行严格的责任制。从党政主要负责干部做起,每个乡镇干部都要分工负责,定期住村工作,确保实现村级组织建设“五个好”的目标。县委考察乡镇干部政绩，要把这项工作作为主要内容。

21.所有乡镇机关都应制定本乡镇两个文明建设的发展目标，并落实到每个村和乡镇机关每个单位、每个干部。每年组织村干部和人民代表，对乡镇机关和干部完成任务的情况进行评议，并将评议结果作为决定升降奖惩的依据。县级领导班子成员要注重从优秀的乡镇领导干部中选拔。

22.增强乡镇的管理和协调功能，理顺条块关系。乡镇党委是乡镇各项工作的领导核心，要尽职尽责，充分发挥作用。要围绕中心任务，组织动员县(市)直驻乡镇单位的力量，共同贯彻落实上级党委、政府布置的工作，为村级组织建设服务，为发展农村经济、促进农村进步服务。要抓好县(市)直各部门特别是执法部门驻乡镇单位党的建设，帮助他们认真执行“两公开一监督”制度，加强党风和廉政建设，坚决纠正行业不正之风。县(市)有关部门设在乡镇的机构，要区别不同情况，有的放到乡镇管理，有的由乡镇和县直主管部门双重领导。实行双重领导的机构，干部的调动、任免、奖惩必须征得乡镇党委的同意。

八、各级党委要切实加强和改进对农村基层组织建设的领导

23.省(自治区、直辖市)、地(市)、县(市)委要把农村基层组织建设工作列入重要日程常抓不懈。党委领导同志要直接联系不同类型的村,经常深入到群众中去,发现和解决问题。在党委领导下,各有关职能部门要分工负责,密切配合,齐抓共管。由党委组织部门或农村工作部门牵头,及时沟通情况,协调工作。省、地、县三级党政机关,要实行部门负责包村,领导干部带头,每年抽出一批干部,以各种形式到乡驻村入户,掌握实情,多办实事,既帮助基层工作,又培养锻炼干部,促进机关作风的转变。这要作为一项制度,长期坚持下去。

24. 加强农村基层组织建设,县(市)委是关键。县(市)委要切实履行以下职责:制定加强全县(市)农村基层组织建设的工作规划,确定每年组织实施的目标和措施;掌握农村基层组织的情况,抓住重点,实行分类指导;督促乡镇党委抓好村级组织建设;搞好村主要干部的培训;研究建立和实施有关乡村干部的激励机制。上级党委应按照这些职责来考核县(市)委抓农村基层组织建设工作的政绩。县(市)委书记是本县(市)抓农村基层组织建设工作的第一负责人,要全面负责。县级领导班子成员每人要联系二、三个村,包括后进村,确定工作目标,经常深入下去,进行具体指导。

25. 各级党委对农村基层组织建设工作,要及时进行督促检查。督促检查的方法，不要只是听汇报，而要深入到乡、村，直接听取基层干部和群众的意见，掌握第一手材料，研究新情况，解决新问题，总结新经验，把工作不断推向前进。

以上通知，请认真贯彻执行。各省、自治区、直辖市党委，每年要将农村基层组织建设工作的进展情况向党中央写出报告。

关于深入开展农村党的建设“三级联创”活动的意见

（2003年9月6日）

为了深入贯彻落实党的十六大精神，巩固和发展农村“三个代表”重要思想学习教育活动成果，把“三个代表”重要思想进一步贯彻落实到农村党的建设的经常性工作中去，加强和改进农村党的建设，促进农村改革发展稳定，现就深入开展以创建“五个好”村党组织、“五个好”乡镇党委和农村基层组织建设先进县（市）为内容的农村党的建设“三级联创”活动，提出以下意见。

一、充分认识深入开展“三级联创”活动的重要意义

农业、农村和农民问题，始终是关系党和国家全局的根本问题。全面建设小康社会，最繁重、最艰巨的任务在农村。农村基层党组织是党在农村全部工作和战斗力的基础。统筹城乡经济社会发展，建设现代农业，发展农村经济，增加农民收入，关键在于全面贯彻“三个代表”重要思想，加强和改

进党对农村工作的领导，以改革的精神全面推进农村党的建设，充分发挥农村基层党组织的领导核心作用和广大共产党员的先锋模范作用。

十四届四中全会以来，各地以创建“五个好”村党支部、“六个好”乡镇党委和农村基层组织建设先进县(市)为目标，切实加强和改进农村基层组织建设，为农村改革和发展提供了坚强的组织保证。实践证明，开展“三级联创”活动，是把农村党的建设与农村改革发展稳定紧密结合起来的一种有效形式，是落实党建工作责任制、实现农村基层组织建设整体推进、常抓不懈的一个有效机制，是在农村党的建设中全面贯彻“三个代表”重要思想的一项重要举措。

深入开展“三级联创”活动，有利于激发农村基层党组织的内在动力，调动各级党委抓农村基层组织建设的积极性；有利于深入贯彻党要管党、从严治党的方针，坚持围绕中心、服务大局，拓宽领域、强化功能，扩大党的工作的覆盖面，不断增强农村基层党组织的创造力、凝聚力和战斗力；有利于加强和改进党对农村工作的领导，推动农村经济发展和社会进步，保持农村稳定。各级党委要充分认识深入开展“三级联创”活动的重要意义，增强政治责任感，切实把这项工作抓紧抓好，抓出成效。

二、正确把握开展“三级联创”活动的指导思想和原则

开展“三级联创”活动的指导思想是：高举邓小平理论伟大旗帜，全面贯彻“三个代表”重要思想，紧紧围绕深化农村改革、发展农村经济、增加农民收入、维护农村稳定的大局，坚持思想建设、组织建设和作风建设一起抓，并把制度建设贯穿其中，探索“让干部经常受教育、使农民长期得实惠”的有效途径，建立健全农村基层组织建设常抓不懈的工作机制，全面提高农村基层干部和党员队伍的整体素质，把农村基层党组织建设成为贯彻“三个代表”重要思想的组织者、推动者和实践者，为全面推进农村小康社会建设提供强有力的组织保证。

开展“三级联创”活动应把握以下原则：

（一）坚持围绕中心，促进发展。“三级联创”活动必须围绕党在农村的中心任务来展开，紧扣发展这个主题来深化。通过开展创建活动，促进农村经济发展和社会进步。

（二）坚持从实际出发，务求实效。必须坚持实事求是，因地制宜，紧密联系农村实际开展创建活动。以扎实的作风，深入细致的工作，切实解决农村存在的突出问题，坚决防止和克服形式主义，用促进农村经济社会发展的实际效果检验“三级联创”活动的成效。

（三）坚持上下联动，齐抓共管。省（区、市）、市（地）党

委切实加强领导和指导,县(市)委、乡镇党委、村党组织积极争创先进,各有关部门密切配合,形成工作合力。

(四)坚持与时俱进,不断创新。必须适应新形势新任务的需要,不断丰富“三级联创”活动的内涵,探索创新“三级联创”活动的形式,对“三级联创”活动实行动态管理,使“三级联创”活动始终充满活力。

三、进一步明确开展“三级联创”活动的目标要求

深入开展农村党的建设“三级联创”活动,必须大力发展农村先进生产力,推动农村经济发展、农民增收;必须大力发展农村先进文化,推动农村精神文明建设和民主法制建设;必须努力维护好、实现好和发展好广大农民群众的根本利益,体现立党为公、执政为民的本质要求。

村党组织和乡镇党委建设要实现“五个好”的目标要求:一是领导班子好。领导班子能够自觉学习和实践“三个代表”重要思想,坚决贯彻执行党的基本路线和各项方针政策,廉洁勤政,奋发有为。村党组织书记应具有带头致富和带领农民群众共同致富的能力;乡镇党委书记应具有较高的政策水平和较强的组织协调能力。二是党员干部队伍好。共产党员能够发挥先锋模范作用,基层干部能够发挥骨干带头作用。三是工作机制好。各项制度完善,管理措施到位,乡镇党政领导班子团结一致,村党组织和村委会关系协调,工作运行规范，服务优质高效。四是小康建设业绩好。农村经济持续发展，农民收入增加，集体经济实力增强；各项社会事业协调发展，精神文明建设和民主法制建设成效显著。五是农民群众反映好。基层干部尊重农民，爱护农民，诚心诚意为农民群众办实事；工作措施符合群众意愿，工作作风和工作实绩得到群众满意，党群干群关系密切，党组织得到群众拥护。

对农村基层组织建设先进县（市）的要求：一是县（市）委认真学习和实践“三个代表”重要思想，高度重视农村基层组织建设，全面落实领导责任制，县（市）委书记认真履行第一责任人职责，各有关部门密切配合，齐抓共管。二是农村基层组织建设的总体规划和年度计划明确具体，各项措施得力并得到有效落实。三是党在农村的基本政策得到全面贯彻落实，农业和农村经济结构调整成效显著，农业产业化经营健康推进，农民收入增加，城镇化水平逐步提高，县域经济不断发展壮大。四是县（市）涉农部门为农业、农村和农民服务意识强、服务措施实、服务质量高，严格依法办事，基层单位和群众满意。五是农村政治文明建设和精神文明建设取得较大进展，农民群众的民主权利得到尊重和保障，积极性和创造性得到发挥，精神文化生活丰富，社会风气良好，农村社会稳定。

要把创建基层满意的县(市)涉农部门和群众满意的乡镇站所纳入"三级联创"活动中来,把县(市)、乡镇、村的联创与涉农部门和站所争创先进结合起来。

四、着力抓好"三级联创"活动的"创"与"联"

开展"三级联创"活动,"创"是关键,"联"是保证。"创",就是要按照"三级联创"活动的原则和目标要求,从本地实际出发,制定创建规划,完善推进措施,建立激励机制,表彰先进,鞭策后进,营造比学赶帮超的良好氛围。"联",就是县(市)、乡镇、村三级联动,形成相互衔接、相互促进、环环紧扣、整体提高的工作格局。

各级党组织要明确责任,增强联创意识,充分发挥积极性和主动性,在"创"上下功夫,在"联"上抓落实,确保"三级联创"活动取得实效,得到农民群众的拥护和支持。省(区、市)委主要负责创建活动的统筹规划、宏观指导和督促检查。市(地)委主要负责创建活动的组织实施和督查指导。县(市)委要在抓好自身创建的同时,着力抓好乡镇党委和县(市)涉农部门的创建活动,并指导和督促乡镇党委抓好村党组织及乡镇站所的创建活动。乡镇党委和村党组织要广泛动员党员、干部,积极投身到创建活动中来。

严格考核,科学评比,不断提高创建活动水平。省(区、市)委要对考核、评比和表彰办法作出具体规定。"五个好"

村党组织、“五个好”乡镇党委和农村基层组织建设先进县(市)的评选间隔时间一般以2至3年为宜。评比考核时要充分考虑各单位原有的工作基础。对拟表彰的单位要在一定范围内公示。经济增长幅度和主要经济社会发展指标排名均靠后,以及发生恶性涉农案件、大规模群体性事件和弄虚作假的单位,不能评为先进。命名表彰不搞“终身制”,已被表彰的单位要参加新一轮的评选。要把开展“三级联创”活动的情况,作为考核县(市)委、乡镇党委、村党组织书记工作实绩的重要内容和对其使用的重要依据。

五、切实加强对“三级联创”活动的领导

各级党委要把“三级联创”活动纳入重要议事日程,真正做到认识到位、责任到位、措施到位、工作到位,坚持一级抓一级、一级带一级、层层抓落实。

省(区、市)、市(地)党委要作出周密安排和部署,切实加强对“三级联创”活动的领导。经常分析研究开展“三级联创”活动的情况,提出指导性意见。大力宣传开展“三级联创”活动的目的、意义和目标要求。注意总结推广不同层次、不同类型的典型经验,引导县(市)、乡镇、村党组织抓好创建工作。加强农村基层组织建设,县(市)委是关键。要切实抓好对县(市)委的分类指导。对工作得力、成效明显的县(市)委,要鼓励他们总结经验,进一步加大工作力度,推进农村基层组织建设和各项工作更上一层楼；对工作一般的县(市)委，要引导他们增强创先争优意识，激励他们奋力争先；对工作中存在较大差距的县(市)委，要帮助他们分析原因，找出薄弱环节，有针对性地采取措施，解决存在的问题，尽快扭转被动局面。要建立督查工作制度，采取多种方式，切实抓好督促检查。省(区、市)、市(地)党委班子成员和政府党员领导干部要选择那些困难大的县(市)作为“三级联创”活动的联系点，定期到点上调查研究，总结经验，以点上的经验指导面上的工作。各地区党委组织部门要增强大局意识、责任意识，在党委领导下，切实加强具体指导，做好组织协调工作。

中央有关部门要把在本系统基层单位开展创建活动，作为转变职能、改进作风、推动业务工作和干部队伍建设的一项重要措施来抓。要配合地方党委对本系统基层单位的创建活动提出明确要求，并加强督促检查。省(区、市)、市(地)主管部门对本系统基层单位的创建活动负有重要责任，要切实履行好职责，主要负责同志要经常深入基层，指导基层单位开展好创建活动。中央组织部要加强对“三级联创”活动的指导和督查，总结推广各地区各部门开展创建活动的先进经验，并在适当时候对在创建活动中涌现出来的先进单位进行表彰。

中共中央办公厅、国务院办公厅关于加强农村基层党风廉政建设的意见

（2006 年 9 月 28 日）

加强农村基层党风廉政建设，是构建社会主义和谐社会的重要举措，是推进社会主义新农村建设的有力保证。改革开放以来特别是党的十六大以来，各级党委和政府认真贯彻落实中央的部署和要求，在农村基层党风廉政建设方面做了大量工作，取得了明显成效。广大农村基层党员、干部辛勤工作，廉洁奉公，为农村经济社会发展作出了重要贡献。农村基层党员、干部队伍的主流是好的。但也要看到，当前农村基层在党风政风方面还存在一些亟待解决的问题，农村基层党风廉政建设工作仍然比较薄弱。同时，随着改革的深入和工业化、城镇化的推进，农村的社会结构、生产方式、组织形式和利益关系正在发生深刻变化，农村基层党风廉政建设面临许多新情况新问题。为适应新的形势和任务，按照《建立健全教育、制度、监督并重的惩治和预防腐败体系实施纲

要》的要求,结合农村基层实际,经中央同意,现就加强农村基层党风廉政建设提出如下意见。

一、大力开展农村基层反腐倡廉教育

（一）增强教育的针对性和实效性。农村基层反腐倡廉教育,要与巩固和扩大农村保持共产党员先进性教育活动成果相结合,与建设社会主义新农村历史进程相适应。要组织农村基层党员、干部认真学习和实践邓小平理论和“三个代表”重要思想,全面贯彻落实科学发展观。当前和今后一个时期要把学习《江泽民文选》作为重要任务。要以乡(镇)、村领导班子成员和基层站所负责人为重点,突出抓好理想信念和党的宗旨教育、科学发展观教育、社会主义荣辱观教育、政策法规和党纪条规教育。要注意加强对农村流动党员的教育和管理。把反腐倡廉教育纳入农村基层党员、干部培训计划,实行分级负责制。要适应农村特点,编写简易读本,制作教育课件,充分发挥农村党员干部现代远程教育等载体的作用。积极推进农村廉政文化建设。大力宣传廉洁奉公、勤政为民的优秀农村基层干部,表彰先进,弘扬正气。

（二）完善农村基层党员、干部行为规范。农村基层党员、干部要发扬党的优良传统和作风,适应社会主义新农村建设的要求,坚持做到“六要六不要”,即:要解放思想、与时俱进,不要因循守旧、不思进取;要求真务实、量力而行,不要虚假浮夸、盲目攀比；要尊重民意、依法办事，不要强迫命令、独断专行；要艰苦奋斗、勤俭节约，不要贪图享乐、铺张浪费；要廉洁自律、公道正派，不要以权谋私、与民争利；要崇尚科学、移风易俗，不要搞封建迷信和婚丧喜庆大操大办。各地区和有关部门要结合实际研究提出农村基层党员、干部包括基层站所工作人员的具体行为规范。

二、进一步加强农村基层党风廉政制度建设

（三）建立和完善对农村基层干部的监督制度。健全乡镇领导班子议事规则，落实重大事项集体决策制度。完善以村民会议、村民代表会议为主要形式的民主决策制度。进一步完善“一事一议”制度。落实农村基层党组织生活会制度，健全农村基层干部任前廉政谈话、诫勉谈话、述职述廉等制度。逐步推行村干部勤廉双述、村民询问质询和民主评议制度。建立和完善农村基层干部任期经济责任审计制度。

（四）建立健全农村集体资金、资产和资源管理制度。完善乡（镇）、村财务管理制度，进一步规范银行账户、银行存款、现金、债权债务、票据使用和会计档案的管理，健全财务预决算、开支审批、审计监督和村民民主理财等制度。在尊重农民群众意愿和民主权利的基础上，推行村级会计委托代理服务制度，有条件的地区可探索引入社会中介机构为村级财务管理服务。对财务管理混乱的乡（镇）、村进行集中清理整顿。制定和完善农村集体资产承包、租赁、出让等管理制度。规范农村集体土地、滩涂、水面等资源的开发利用,实行公开竞价和招投标制度。积极稳妥地推进集体林权制度改革。积极推行股份制、股份合作制等村集体经济的有效实现形式。

(五)深化改革,逐步消除滋生腐败的条件。积极稳妥地推进乡镇机构改革和农村基层站所管理体制改革。完善农村基层干部选拔任用机制,认真总结一些地方公开推选的经验,扩大候选人提名中的民主。积极推行村党支部选举的“两推一选”办法。健全村党组织领导的充满活力的村民自治机制,完善相关法律法规,重点解决选举中宗族势力干扰等侵犯农民群众民主权利的问题。按照科学发展观和正确政绩观的要求,健全农村基层干部政绩考核评价机制和激励机制。规范农村基层公务接待活动,村、组不准招待党和国家机关工作人员。逐步推进农村基层干部职务消费制度改革。

三、全面推进乡镇政务公开、村务公开和党务公开

(六)深入推进乡镇政务公开。乡镇政权机关和基层站所要以公正、便民和廉政、勤政为基本要求,利用方便快捷的形式,重点公开贯彻落实中央有关农村工作政策,财政、财务收支,各类专项资金、财政转移支付资金使用等情况,以及其

他涉及农民群众切身利益的重要事项。省(自治区、直辖市)负责编制乡镇政务公开目录。学校、医院、供水、供电等与农民群众关系密切的公用事业单位要大力推行办事公开制度。要把办事公开纳入政风行风评议的范围,并将评议结果向有关部门反馈。

(七)深入推进村务公开。村级组织要把各级政府支农惠农政策、社会各界支持新农村建设的项目、新农村建设的各项资金及其使用情况、农村集体资产和资源处置情况,以及对村干部的民主评议、考核和审计结果等事项,纳入公开的内容。县(市)负责编制村务公开目录。乡(镇)要把贯彻落实村务公开制度作为一项重点工作,切实加强工作指导和监督检查,坚决防止和纠正不公开、假公开、不及时公开等问题。

(八)积极推行农村基层党务公开。乡(镇)、村党组织的工作事项,除国家秘密外,都要向党员和农民群众公开。重点公开农村基层党组织的工作目标、决策内容和程序、干部选拔任用、发展党员、党费收缴管理和使用、民主评议党员、党员干部违纪违法问题的处理、落实党风廉政建设责任制情况等内容。

四、认真抓好贯彻执行党的农村政策情况的监督检查

(九)围绕支农惠农政策落实情况开展监督检查。重点检查对农业和农民直接补贴政策、农村基础设施建设投入政策、农村社会事业支持政策等落实情况。督促有关部门严格执行支农资金使用的管理规定,按照透明、规范的程序安排支农资金,通过招投标方式落实支农项目。积极运用“一卡通”等简便、直接的形式,确保补贴资金足额、及时发放到农民手中。坚决防止和纠正违背科学发展观的错误行为,力戒新农村建设中的形式主义。

(十)围绕农村土地政策落实情况开展监督检查。加强对农村土地承包法律和政策执行情况的检查,坚决纠正侵害农民土地承包权益的行为。督促有关部门严格控制建设用地占用规模,防止乱占滥用耕地。加大对农村土地征收征用情况的监督检查力度,规范征地程序和补偿标准,加强对被征地农民的就业安置和社会保障工作,全面落实农村集体土地补偿费专户管理、专账核算、专项审计和公开制度,维护被征地农民的合法权益。

(十一)围绕农村综合改革推进情况开展监督检查。严肃机构编制纪律,防止和纠正乡镇机构改革中违反规定设置机构,超职数、超编制配备人员以及弄虚作假“吃空饷”等问题。及时掌握农村义务教育体制改革进展情况,保证各级政府的财政投入足额到位和合理使用。督促有关部门规范转移支付和乡镇开支范围,及时解决县、乡财政管理体制改革中出现的问题。严格执行关于制止乡村发生新债务的有关规定和要求。

五、切实解决损害农民群众利益的突出问题

（十二）坚决纠正损害农民群众利益的行为。认真做好减轻农民负担工作，坚决制止在农民建房、用电用水和务工经商等方面存在的乱收费、乱罚款和各种摊派行为。制止违反涉农税收、价格及收费“公示制”和乡（镇）、村级组织、农村中小学校公费订阅报刊“限额制”规定的行为。加强对新型农村合作医疗资金的监管，坚决纠正农村医药购销和医疗服务中的不正之风。认真解决在扶贫、救灾、救助、移民等款物管理和使用中损害农民群众利益的问题。依法严厉打击制售伪劣农资和哄抬农资价格等坑农害农行为。

（十三）严肃查处农村基层党员、干部违纪违法案件。重点查处截留、挪用、侵占、贪污支农资金和征地补偿费案件，侵占集体资金、资产、资源案件，利用职权谋取非法利益案件，涉及农民负担恶性案件，为黑恶势力充当“保护伞”案件，选举中拉票、贿选等严重违反组织人事纪律案件，参与赌博、借婚丧喜庆收钱敛财等案件。认真解决农民群众来信来访问题，实行领导干部包案制，把问题解决在基层。

六、加强对农村基层党风廉政建设的组织领导

（十四）各级党委和政府要切实负起全面领导责任。把

农村基层党风廉政建设工作摆上重要议事日程，纳入社会主义新农村建设的总体规划，坚持条块结合、以块为主，坚持因地制宜、分类指导。加强农村基层党风廉政建设，县委是关键，乡镇是基础。县（市）党委和政府要从本地实际出发，加强调查研究，明确工作任务，确定工作重点，采取有力措施，加强督促检查和具体指导。乡（镇）党委和政府要明确责任，着力抓好落实。县（市）、乡（镇）党政主要领导要对农村基层党风廉政建设负总责。县（市）、乡（镇）党委每年年底要向上级党委和纪委报告农村基层党风廉政建设工作情况。建立农村基层党风廉政建设工作协调机构。把党风廉政建设责任制向村级延伸，制定相关的配套规定。

（十五）纪检监察机关要加强组织协调。积极协助党委和政府研究制定农村基层党风廉政建设的总体部署和实施方案，加强与有关部门的联系和沟通，统一组织监督检查活动，协调解决工作中的矛盾和问题。县（市）纪检监察机关要把农村基层党风廉政建设作为主要任务，加大工作力度。改革和完善农村基层党的纪律检查体制和工作机制，加强县（市）、乡（镇）纪检监察队伍建设。

（十六）有关部门要认真履行职责。坚持谁主管、谁负责的原则，按照任务分工，把农村基层党风廉政建设纳入本部门的整体工作，建立上下联动的工作机制。充分发挥职能优势,针对农民群众反映强烈的问题,研究提出解决办法。

各省(自治区、直辖市)、中央和国家机关有关部门要根据本意见,结合实际制定贯彻落实的具体措施。

中共中央办公厅关于在全国农村开展党员干部现代远程教育工作的意见

（2007年7月4日）

为提高广大农村党员干部和农民群众的整体素质，推进社会主义新农村建设，经党中央同意，从2007年下半年开始，在试点的基础上，在全国农村普遍开展党员干部现代远程教育工作。

一、充分认识开展农村党员干部现代远程教育工作的重要意义

我们党历来高度重视农村党的建设工作。近年来，随着农村“三个代表”重要思想学习教育活动、保持共产党员先进性教育活动的开展，农村党员干部教育培训工作得到明显加强，取得了显著成效。但是，新的形势和任务对农村党员干部教育培训工作提出了新的更高的要求。为了进一步提高农村党员干部教育培训工作的质量和水平，适应形势和任务的需要，从2003年4月至2006年底，按照中央的统一部署，

在12个省(自治区)分两批开展了农村党员干部现代远程教育试点工作。经过3年多的努力,在试点地区基本完成了建成一批终端站点、开发一批教学资源、建成一个教学平台、建立一支骨干队伍、建立一套工作机制的工作任务,积累了工作经验,达到了预期目的,受到了试点地区农村党员干部和农民群众的普遍欢迎。从目前的技术手段和已具备的其他条件看,在全国农村普遍开展党员干部现代远程教育工作的时机已经基本成熟。

实践证明,开展农村党员干部现代远程教育,是新形势下造福亿万农民群众的一项富民工程,是建设社会主义新农村的一项创新工程,是夯实党在农村执政根基的一项基础工程,它有利于建立健全让农村党员干部经常受教育、使农民群众长期得实惠的工作机制,提高农村党员干部的综合素质,增强他们为农民群众服务的意识和本领,更好地发挥致富奔小康的骨干带头作用;有利于推进信息技术进村入户,不断满足农村党员干部和农民群众生产生活中的各类信息需求,培养造就大批掌握现代农业科技知识和技能、具有创业致富本领的新型农民;有利于创新农村基层组织活动内容和工作方式,开辟农村基层党组织联系群众、组织群众、服务群众的新途径,不断提高农村基层党组织的创造力、凝聚力、战斗力,巩固党在农村的执政基础。各级党组织一定要从深入贯彻落实科学发展观、构建社会主义和谐社会、建设社会主义新农村、加强党的执政能力建设和先进性建设的战略高度，充分认识开展农村党员干部现代远程教育工作的重要意义，把这项工作切实抓紧抓好、抓出成效。

二、开展农村党员干部现代远程教育工作的指导思想、目标要求和指导原则

开展农村党员干部现代远程教育工作，要以邓小平理论和“三个代表”重要思想为指导，深入贯彻落实科学发展观，以建设社会主义新农村为主题，以提高农村基层干部素质和保持农村党员队伍的先进性为重点，围绕中心，服务大局，建立健全农村党员干部现代远程教育网络体系，大规模培训农村党员干部和农民群众，大幅度提高农村党员干部和农民群众的素质，为建设社会主义新农村提供思想政治保证、人才保证和智力支持。

开展农村党员干部现代远程教育工作的目标要求是：

——农村党员作用充分发挥。广大农村党员学习实践“三个代表”重要思想和深入贯彻落实科学发展观的坚定性进一步增强，保持共产党员先进性的自觉性进一步增强，带头致富、带领群众共同致富的本领进一步增强，在建设社会主义新农村中充分发挥先锋模范作用。

——农村干部能力不断增强。广大农村基层干部执行政策的能力、加快发展的能力、服务群众的能力、依法办事的能力、科学管理的能力和解决自身问题的能力进一步提高，在建设社会主义新农村中充分发挥骨干带头作用。

——农民整体素质不断提高。培养造就一大批掌握先进适用农业科技知识和技能、具有创业致富本领的实用人才和新型农民，使越来越多的农民成为有知识的文化人、讲道德的文明人、懂技术的内行人、会经营的明白人，在建设社会主义新农村中充分发挥主体作用。

——农村基层组织得到加强。推动大多数农村基层党组织实现领导班子好、党员干部队伍好、工作机制好、小康建设业绩好、农民群众反映好的目标，在建设社会主义新农村中充分发挥领导核心和战斗堡垒作用。以村党组织为核心的村级组织配套建设进一步加强，党在农村的执政基础进一步巩固。

开展农村党员干部现代远程教育工作的指导原则是：

——整合资源，共建共享。充分整合利用各系统各部门现有的基础设施、教学资源、管理队伍、师资力量、站点场所、技术和资金等资源，特别是要充分利用农村中小学现代远程教育的各种资源，共同建设，多方共享，避免重复建设。

——因地制宜，稳步推进。坚持实事求是，从实际出发，区分不同情况，量力而行，逐步推进，把工作的力度、推进的速度与当地经济发展水平和财政承受能力统一起来,不增加农民负担。

——建管结合,学用结合。把教学平台建设、终端站点建设、教学资源开发与教学组织管理结合起来,把教育培训与实际运用结合起来,确保农村党员干部现代远程教育网络发挥最大效益。

——以人为本,务求实效。农村党员干部现代远程教育站点,既要组织农村党员干部开展学习,又要鼓励欢迎广大农民群众收看。根据农村党员干部和农民群众的实际需求,激发他们的内在动力和潜能,提高学习的实效性,创造人人皆受教育、人人皆可成才的条件。积极引导广大农村党员干部和农民群众联系实际,学以致用。

——积极探索,勇于创新。积极探索农村党员干部现代远程教育的规律,改进方式,更新内容,不断推进农村党员干部现代远程教育的理论创新、实践创新、管理创新和制度创新。

三、开展农村党员干部现代远程教育工作的总体安排和主要任务

开展农村党员干部现代远程教育工作的总体安排是:用3至4年的时间,力争到2010年底,在全国基本建成农村党员干部现代远程教育网络体系。先期试点的3个省,进一步巩固提高已建站点的管理使用水平。扩大试点的9个省(自治区)在现有基础上,加快建设进度,力争到2008年底完成基础设施建设任务,在乡镇、村基本实现站点全覆盖。没有进行试点的其他19个省(自治区、直辖市)和新疆生产建设兵团,力争到2010年底完成基础设施建设任务,在乡镇、村基本实现站点全覆盖。东部地区可适当加快建设步伐,中西部地区根据本地实际,稳步推进站点建设。

开展农村党员干部现代远程教育工作的主要任务是:

(一)建设农村党员干部现代远程教育教学平台。中央和试点省(自治区)要做好资源库、前端播出平台、资源传输系统和辅助教学中心网站的升级完善工作;其他省(自治区、直辖市)要做好省级资源库、省级辅助教学中心网站和信息管理系统的建设,逐步实现省级资源库和中心资源库的互联互通,实现优质资源的共享。有条件的地方要建设省级辅助教学前端播出平台。少数民族聚居的地区要创造条件逐步建设可使用本民族语言的前端播出平台。加强对各级各类教学平台的管理,做好协调和分工,保质保量地传输各类教学资源和信息资源,充分发挥教学服务和信息服务功能。

(二)建设农村党员干部现代远程教育终端站点。在深入调查摸底的基础上,科学制定建设方案。既可以借鉴试点地区利用卫星传送、有线电视网传送、宽带互联网传送等站点建设模式，也可以从实际出发，探索选择适合当地实际的其他模式。加强工程建设管理，发挥专家组的指导和监督作用，做好工程评估验收，确保按计划、高质量完成站点建设任务。加强终端站点管理，认真组织学习培训，加强教学辅导，促进学用成果转化。坚持一站多用，共建共享，不断满足农村党员干部和农民群众集中学习、个性化学习和信息服务的需要，努力使终端站点成为提高农村党员干部综合素质的培训点、创新农村基层组织建设的切入点、农村信息化的示范点、农民群众学习科技知识的致富点、农村进城务工人员学习职业技能的传授点和丰富农民群众业余文化生活的娱乐点。

（三）开发农村党员干部现代远程教育多种媒体教学资源。加强教学资源开发制作，注重教学资源应用，强化教学资源质量和安全管理。科学制定教学资源建设规划，培植教学资源建设基地，丰富教学资源内容和形式，提高教学资源建设规模化和专业化水平。以理论政策、法律法规、国防建设、思想道德、科学素质、文化素养和技能培训等为主要内容，加大教学资源整合开发力度，充分利用党校、教育、司法、劳动和社会保障、农业、文化、卫生、人口与计划生育、广电、新闻出版、社科研究、科协以及部队等有关方面现有的多种媒体教学资源，并积极开发新的教学资源。建立健全教学资源制作部门、教学资源管理部门和远程教育主管部门层层把关的质量保证体系和安全责任体系,确保教学资源的质量和安全。公共科目和通用教材以中央单位制作为主,实用技术和地方特色教材以地方单位制作为主。少数民族语言教材的制作和译制要纳入各地教学资源建设总体规划,统筹安排。

(四)建立农村党员干部现代远程教育骨干队伍。加强对骨干队伍的选配、培训和管理。依托各级党委组织部门党员电化教育干部队伍,建立农村党员干部现代远程教育专职干部队伍;依托乡镇村干部、电教播放员、中小学教师等,建立远程教育站点管理队伍;依托各级党委组织部门党员电化教育机构、领导协调小组成员单位、高等学校、科研院所等现有教学资源制作力量,建立远程教育教学资源开发队伍;依托高等学校、科研院所、农业、科技、科协组织的专业人才、科普志愿者以及当地农村实用人才,建立远程教育教学辅导队伍;依托广电、信息通信等部门的专业技术人员,建立远程教育技术服务队伍。加强对骨干队伍的培训工作,分级负责、分层培训,不断提高骨干人员的政治素质、业务能力和服务水平。落实相关优惠政策,采取公开招募、自愿报名、组织选拔、集中派遣等方式,鼓励高等学校和中等职业学校毕业生以及社会志愿者参与农村党员干部现代远程教育的建设和管理，充分发挥他们的作用，引导他们在服务农村党员干部现代远程教育中就业创业。

（五）建立科学规范的农村党员干部现代远程教育工作机制。加强宏观管理和工作指导，完善各项工作机制。建立健全前端播出平台、辅助教学网站、终端站点等网络体系的科学运行机制；建立健全通用教材与地方教材相配套、教学资源开发与教学资源整合相促进、行政手段与市场运作相结合的教学资源建设机制；建立健全专职干部队伍、站点管理队伍、教学辅导队伍、技术服务队伍相配套，选拔、培训、管理、考核等相统一的骨干队伍建设机制；建立健全组织学习与辅助教学互补、学习培训与效果评估衔接、掌握知识与实践运用贯通的教学组织工作机制；建立健全政府投入为主、党费适当补充、社会力量支持的经费保障机制，推进农村党员干部现代远程教育工作持续健康有序开展。

四、加强对农村党员干部现代远程教育工作的组织领导

（一）切实加强领导。各级党委要把农村党员干部现代远程教育工作摆上议事日程，纳入党建工作和社会主义新农村建设的整体规划，定期研究，切实解决实际问题，确保目标任务的完成。

（二）明确领导机构。中央决定，全国农村党员干部现代远程教育试点工作领导协调小组更名为全国农村党员干部现代远程教育工作领导协调小组,负责领导、指导和协调全国农村党员干部现代远程教育工作。领导协调小组成员单位有:中央纪委、中央组织部、中央宣传部、中央农村工作领导小组办公室、中央党校、国家发展改革委、教育部、科技部、民政部、财政部、信息产业部、农业部、文化部、国家广电总局、共青团中央、中国科协等。领导协调小组办事机构依托中央组织部党员电化教育中心开展工作。地方各级党委也要明确相应的领导机构和工作机构。

(三)加强协调配合。领导协调小组成员单位及有关部门既要分工负责、各司其职,又要加强配合、形成合力。对各自承担的基础设施建设立项、教学资源开发、骨干队伍培训、技术标准制定、系统运行维护和经费保障等工作,要做到认识到位、责任到位、措施到位。组织部门要在党委的领导下,搞好组织协调,抓好工作落实。

(四)确保经费到位。基础设施建设资金要统筹考虑。中央有关部门和地方要把农村党员干部现代远程教育工作,与农村中小学现代远程教育工程、村级组织活动场所建设、党员电化教育网点建设、广播电视"村村通"工程、全国文化信息资源共享工程等结合起来。依托农村中小学建设的终端站点,所需建设经费纳入农村中小学现代远程教育工程建设计划,分级负责解决。未列入农村中小学现代远程教育工程建设计划的站点，所需建设经费主要由地方解决，中央给予适当补助。教学资源建设和系统运行维护等保障资金，要纳入各级财政年度预算。

（五）加强检查考核。各级党委组织部门要将农村党员干部现代远程教育纳入年度工作目标考核体系，纳入农村党的建设目标考核体系。领导协调小组其他成员单位也要把农村党员干部现代远程教育纳入本部门本单位年度工作目标考核体系。要建立各级领导干部和农村党员干部现代远程教育领导协调小组成员联系点制度，加强调查研究和检查考核，总结、推广先进经验，及时发现和解决问题，确保农村党员干部现代远程教育工作顺利进行。

中共中央办公厅、国务院办公厅关于加强农村实用人才队伍建设和农村人力资源开发的意见

（2007年11月8日）

为贯彻落实党的十七大精神和《中共中央、国务院关于推进社会主义新农村建设的若干意见》、《中共中央、国务院关于进一步加强人才工作的决定》精神，大力实施人才强国战略，为建设社会主义新农村、实现全面建设小康社会奋斗目标的新要求，提供有力的人才保证和智力支持，经党中央、国务院同意，现就加强农村实用人才队伍建设和农村人力资源开发提出如下意见。

一、加强农村实用人才队伍建设和农村人力资源开发是一项重大而紧迫的战略任务

（一）充分认识加强农村实用人才队伍建设和农村人力资源开发的重要性和紧迫性。中央提出建设社会主义新农村的伟大历史任务，是深入贯彻落实科学发展观，立足党和

国家事业发展全局作出的重大战略决策。建设生产发展、生活宽裕、乡风文明、村容整洁、管理民主的社会主义新农村，关键是要提高广大农民群众的整体素质，培养造就数以亿计有文化、懂技术、会经营的新型农民，充分发挥他们建设社会主义新农村的主体作用。

农村实用人才是指具有一定的知识或技能，为农村经济和科技、教育、卫生、文化等各项社会事业发展提供服务、作出贡献，起到示范或带动作用的农村劳动者，是广大农民的优秀代表，是新农村建设的生力军，是我国人才队伍的重要组成部分。加强农村人力资源开发工作，就是要统筹城乡资源，通过学校教育、职业培训等方式，努力提高广大农村人口的综合素质和能力，不断促进农村人力资源的合理配置和使用。农村实用人才队伍建设是农村人力资源开发的重点，农村人力资源开发是农村实用人才队伍建设的基础和前提。

在我国农村改革发展的进程中，农村人力资源开发工作不断加强，广大农民的整体素质不断提高，一大批农村实用人才脱颖而出，为农村经济社会发展作出了积极贡献。但是长期以来，对农村实用人才队伍建设和农村人力资源开发的重要性认识不够，投入不足，农村人才工作基础薄弱；农村培养、稳定、集聚人才的能力不强，人才成长和发挥作用的环境相对较差，农村实用人才总量不足、素质不高、结构不合理的问题比较突出；特别是随着农村青壮年外出务工人员的不断增加，农村人才流失导致的结构性问题更趋严重，不能适应建设社会主义新农村的需要。

我国总体上已经进入以工促农、以城带乡的发展阶段。坚持把解决好“三农”问题作为全党工作的重中之重，统筹城乡发展，加强农业基础地位，走中国特色农业现代化道路，形成城乡经济社会发展一体化新格局，为我国农业和农村发展提供了前所未有的机遇。建设社会主义新农村的过程是与现代化建设同步的过程。没有新农民，就没有新农村；没有农民素质的现代化，就没有农业和农村的现代化。抓住机遇，大力加强农村实用人才队伍建设和农村人力资源开发，是提高农村生产力水平、加快现代农业发展的重要举措，是缩小城乡差距、推动城乡协调发展的重要途径，是推动新农村建设、全面建设小康社会的客观要求，是巩固党在农村执政的组织基础、加强党的执政能力建设和先进性建设的必然选择。

各级党委和政府要坚持尊重劳动、尊重知识、尊重人才、尊重创造的方针，牢固树立科学的人才观和人才资源是第一资源的观念，切实增强做好农村人才工作的责任感和紧迫感，把大力加强农村实用人才队伍建设和农村人力资源开发作为实施人才强国战略的重要内容，不断开创人才工作的新局面。

（二）加强农村实用人才队伍建设和农村人力资源开发的指导思想和目标任务。加强农村实用人才队伍建设和农村人力资源开发的指导思想是：以邓小平理论和“三个代表”重要思想为指导，深入贯彻落实科学发展观，大力实施人才强国战略，坚持党管人才原则，创新工作体制机制，统筹城乡、整合资源、营造环境，充分发挥市场在农村人才资源配置中的基础性作用，充分发挥农村基层党组织加强农村人才工作的积极性和主动性，紧紧抓住培养、服务、评价、激励等环节，以提高科技素质、职业技能和经营能力为重点，着力建设并稳定一支宏大的适应新农村建设需要的实用人才队伍，并以此推动农村人力资源开发，造就数以亿计的新型农民，为农村经济发展和社会进步提供有力的人才保证和智力支持。

当前和今后一个时期，农村实用人才队伍建设和农村人力资源开发的目标任务是：根据新农村建设的总体要求，以繁荣农村经济为重点，全面促进农村经济社会发展，扩大规模，提高素质，优化结构，使农村实用人才总量大幅度增加，农村人力资源整体实力不断增强；农村实用人才的培养、服务、评价、激励机制更加健全，配套措施更加完善，有利于农村实用人才成长和发挥作用的环境不断优化，农村实用人才运用先进科学技术和经营管理知识带头致富、带领群众致富的能力显著提高；加强对农村基础教育、职业教育的投入，整合教育培训资源，拓宽教育培训途径，提高教育培训水平，基本建立与农村经济社会发展相适应的农村人力资源开发体系；农村人才工作格局不断完善，社会各方面力量积极支持、参与农村人才工作的氛围逐步形成。

二、采取多种形式，培养造就大批农村实用人才

（三）大力推进农村实用人才培养工作。紧紧围绕农村经济社会发展的实际需要，组织实施新农村实用人才培训工程，以增加总量、改善结构、提高能力为目标，综合运用教育培训和实践锻炼等方式，着力培养一大批适应社会主义新农村建设要求的乡村教师、乡村医疗卫生人员、乡村科技服务人员、乡村文化工作人员、生产能手、经营能人、能工巧匠等各方面实用人才。继续深入实施绿色证书工程、新型农民科技培训工程、百万中专生计划、星火科技培训专项行动、农村实用技术培训计划、创业者和企业家培训计划、科普惠农兴村计划等项目，加强各类培训项目的整合与衔接，做到统筹规划、重点突出。坚持各类农村教育统筹协调，建立健全县、乡、村三级农村教育培训网络，充分发挥农村中小学校、职业学校、成人学校、农业广播电视学校和农村党员干部现代远程教育系统等教育培训资源在农村实用人才培训中的主渠道作用。积极利用村级组织活动场所开办农民夜校、开展农业实用技术讲座和文化知识培训，培养农村实用人才。各地要结合新农村建设和区域经济发展的实际，组织实施不同层次、不同类型的培训项目，大力培养本地区需要的农村实用人才。

（四）注重在生产实践中培养农村实用人才。积极引导各类经济组织、农村产业化龙头企业开展岗位培训和技术指导，提高农村实用人才的生产技术水平和经营管理能力。大力加强科技示范基地和优质农产品示范园建设，通过科技示范和成果展示，引导农民自觉学习运用先进适用技术。积极开展农业实用技术交流活动，鼓励农业技术骨干、科技示范户、种养能手开办农家课堂，进行现场技术指导。大力实施农业科技入户示范工程，组织专家、农技人员和科普志愿者通过田间地头示范、联户结对、巡回指导等方式，手把手帮助农民提高生产技能。国有企业要充分发挥人才和技术优势，采取多种形式，帮助农村培养实用人才。鼓励和支持非公有制企业通过开展“一企帮一村、多企帮一村”活动培养农村实用人才。

（五）着力培养农村实用人才带头人。农村实用人才带头人是农村实用人才群体中的拔尖人才。要加大对致富带头人、科技带头人、经营带头人等优秀农村实用人才的培养力度，重点培养一批长于经营、精于管理、勇于创业、能够带领群众致富的复合型人才。实施农村实用人才带头人素质提升计划,重点加强对农业专业大户、农民经纪人和农民专业合作社、专业技术协会、产业化龙头企业负责人的培养,通过学习培训、参观考察、经验交流等方式,提高他们的科技意识、市场意识和经营能力,支持他们成为企业家和各领域专家。有计划输送文化程度较高、有一定经营基础、市场意识和创业能力强的农村青年,到高等学校、科研院所和各类龙头企业学习锻炼,提高他们的综合素质和能力。发挥引进国外智力在农村实用人才带头人培养中的积极作用。

(六)加快培养农村科技、教育、卫生、文化等方面的实用人才。加大对乡村农技人员的培训力度,加强村级动物防疫员队伍建设,不断提高他们的能力和水平。扎实推进农村义务教育阶段学校教师特设岗位计划,探索补充农村学校教师新机制。加强对乡村中小学校校长和教师的培训,全面提高他们实施素质教育的能力和水平。改革医学院校的人才培养模式,强化面向农村需要的全科医学教育,定向为农村培养医疗卫生人才。采取有力措施,努力实现全国每个乡镇卫生院都有具备执业医师资格的医疗工作者的目标。加强农村医疗卫生人才岗位培训和医学继续教育工作,认真落实农村卫生技术人员在职培训制度和定期进修学习制度,加强新型农村合作医疗管理经办人员培训工作。组织实施“温暖工程”，运用社会资金改善农村医疗设施，开展乡村医生培训工作。加快农村文化基础设施建设，构建农村公共文化服务体系，促进农村文化大院、文化中心户等民间文化组织发展，建设一批有利于农村文化人才成长和发挥作用的有效载体。采取有力措施，加大对县、乡两级专职文化工作者的培训力度，积极培养民间艺人、文化能人、文化经纪人等农民文化骨干。加快全国文化信息资源共享工程建设，积极发展乡村基层服务点，加强对服务人员的技能培训，为广大农民群众提供先进的数字文化信息服务。实施国家非物质文化遗产保护工程，加强对具有特殊技能的农村实用人才的保护，鼓励和支持他们传承优秀民族民间文化。

三、加大支持服务力度，充分发挥农村实用人才在新农村建设中的作用

（七）为农村实用人才创业兴业搭建平台。加大指导和扶持力度，在土地流转、技术支持、项目立项、资金投入等方面实行倾斜政策，支持农村实用人才创业兴业。对符合产业政策、有科技创新意识、科技含量高、有利于扩大就业的农民合作经济组织给予税收优惠。加快完善农户联保、互保机制，稳步推进农业政策性保险，积极引导各类金融机构为农村实用人才创业兴业提供金融支持。稳步推进和积极规范民间借贷，引导农村实用人才创办资金互助组织。鼓励和支持农村实用人才牵头建立专业合作组织和专业技术协会,提高农民的组织化程度。鼓励和支持农村实用人才创办科技示范基地、优质农产品示范园,加快新技术、新品种的推广应用。鼓励和支持农村实用人才领办、创办从事农产品生产、加工、销售的各类经济实体,大力发展“一村一品”,推进农业产业化进程。鼓励和支持农村实用人才开办技术培训班、农业技术研发和技术中介服务机构,普及推广科技知识和实用技能。依法保护农村实用人才的知识产权和合法权益,支持他们开展技术引进、开发、推广和成果转化等创新活动。

(八)加强农村实用人才公共服务体系建设。积极推进农村人力资源市场建设,逐步形成以市、县人才市场和劳动力市场为依托,以乡镇人才服务站和劳动力服务站为网点,辐射广大农村、贯通城乡的农村人力资源市场体系。面向广大农村实用人才开展交流、培训等服务,并为到农村服务的各类人才提供人事代理等公共服务。积极培育农村人才服务中介组织,充分发挥这些组织在农村人才供求信息服务中的作用。各级政府要加大对农村人才市场的调控力度,有计划开展农村实用人才交流活动,扎实推进地区间的人才开发和协作,促进人才有序流动。

(九)建立健全面向农村实用人才的信息服务体系。发展农村科技成果转化服务信息平台,完善农村科技信息服务网络,通过开通农技服务热线、建立农业专家咨询系统等方式为农村实用人才提供技术支持。加强农村公共信息网络平台建设,进一步增强农民科技书屋、农业科技入户直通车、乡村文化活动室、科普活动站、科普宣传栏、农村党员干部和农村中小学现代远程教育系统、农业远程教育网络的信息服务功能,增加报刊、广播、电视、网络等媒体报道农业信息和技术培训活动的版面和时间,有条件的地方要开通专门的农业广播电视频道,及时发布有关信息。鼓励、引导农村实用人才按区域、行业和产业组建各种协会,加强信息沟通与合作。密切产业组织与农户的利益联结,强化产业组织在产前、产中、产后对农户的生产技术指导和技术咨询服务。

四、完善评价激励体系,强化农村实用人才的示范带头作用

(十)建立健全农村实用人才认定制度。根据农村实用人才的成长规律和特点,制定以知识、技能、业绩、贡献为主要内容的农村实用人才认定标准。各地要结合实际,按照简便规范的原则,建立不同层级的农村实用人才信息库。省级管理的农村实用人才可以纳入高层次人才库,实施重点管理和服务。制定配套措施,对重点联系的农村实用人才发展生产、创业兴业给予积极支持。

(十一)鼓励农村实用人才等各类人才积极参与国家职

业资格评定。适应现代农业和农村经济的发展需要,加快农村新职业开发步伐,不断扩大职业资格证书制度在新农村的覆盖面,逐步推广面向农村人才的职业资格评价和职业技能鉴定工作。畅通渠道,鼓励和支持农村实用人才参加国家专业技术职称评定。

(十二)加大对农村实用人才的表彰激励力度。进一步发挥"全国农村优秀人才"、"中华农业英才奖"等表彰项目在引导、鼓励农民群众成长成才中的积极作用,建立健全政府表彰和社会激励相结合的农村实用人才表彰奖励体系。鼓励各方面立足实际设立面向农村实用人才的表彰奖励项目,对作出突出贡献的农村实用人才给予物质和精神激励。有条件的地方可以对优秀的农村实用人才给予适当补助。

五、大力加强农村教育培训工作,推进农村人力资源开发

(十三)普及和巩固农村义务教育。发展农村教育事业是建设社会主义新农村和推进农村人才资源开发的基础性工作。要按照党中央、国务院作出的部署,如期完成农村普及九年制义务教育工作。逐步将农村义务教育全面纳入公共财政保障范围,建立中央和地方分项目、按比例分担的农村义务教育经费保障机制。确保西部地区"两基"攻坚计划如期完成,实施中西部农村初中校舍改造工程、新农村卫生新校园建设工程等，积极推进城乡义务教育均衡发展。大力改善农村义务教育的办学条件，积极推进农村中小学现代远程教育工程的应用。加强农村中小学教师队伍建设，努力提高农村义务教育的师资水平。加大对农村家庭经济困难学生的资助力度。采取有力措施，保障进城务工人员子女平等接受义务教育。

（十四）大力发展农村职业教育。调整农村教育结构，加大中等职业教育在农村高中阶段教育中的比重，扩大职业教育面向农村招生的规模，健全面向全体劳动者的职业教育培训制度。加大投入力度，实施职业教育基础能力建设工程，“十一五”期间，国家重点建设1000所县级职教中心，形成一批职业教育骨干基地和实训基地。大力推进“一网两工程”的实施，构建以县级职教中心为龙头、乡镇成人教育学校和普通中小学为依托的农村职业教育培训网络，广泛开展农村劳动力转移培训和农村实用技术培训。鼓励通过捐资办学、民办公助等多种形式，加大对农村职业教育特别是民办职业教育的投入，加快农村民办职业教育发展。大力发展农业广播电视教育，加强体系建设，提高办学质量。深化农村职业教育改革，以实用技术、职业技能和实践能力的培训提高为重点，更新教学内容和教学方法，大力发展面向新兴产业和现代服务业的专业，不断提高人才培养的针对性和质量。加大对高等学校和中等职业学校农林类专业学生的助学力度，有条件的地方可以减免种植、养殖专业学生的学费。

(十五)扎实推进农村劳动力转移培训。适应工业化、城镇化和城乡统筹发展的需要，继续实施农村劳动力转移培训阳光工程、贫困地区农村劳动力转移培训雨露计划和农村劳动力转移培训计划，扩大农村富余劳动力转移培训规模，提高农民转移输出的组织化程度。高度重视被征地农民的就业培训工作。继续健全订单培训、定向培训等有效形式，提高农民转移培训的针对性和实效性。继续完善农民工培训补贴办法，试点实行“培训券”制度。农村劳动力输出地要结合当地特点和优势，着力打造劳务输出品牌，保护农民工土地承包权益，做好农村劳动力转移前的就业指导和转移后的跟踪服务工作；输入地要把农民工纳入城市公共服务体系，加强岗位技能培训，做好法律援助等各方面服务工作。要把外出务工人员作为农村人力资源开发的重点对象，研究制定有效的政策措施，鼓励支持他们回乡创业，充分发挥他们在新农村建设中的重要作用。

(十六)大力提高农村党员和基层干部队伍素质。农村党员和基层干部是贯彻落实党的农村政策、推进新农村建设的骨干力量，他们不仅是农村重要的人才资源，而且是农村人才工作的组织者和执行者。巩固和发展农村先进性教育活动成果，进一步健全农村党员干部的经常性教育培训机制，实施农村基层组织负责人培训计划，在全国农村普遍开展党员干部现代远程教育，切实提高他们贯彻执行党的农村政策的能力，民主管理、依法办事的能力，带领群众发展经济、增收致富的能力，化解社会矛盾、维护社会稳定的能力。适应新农村建设的需要，不断完善村党组织领导班子成员“两推一选”等制度，切实选好配强乡村党组织领导班子，重点选好乡村党组织书记。注重从农村致富带头人、复转军人、回乡青年、外出务工经商人员中选拔农村基层干部。采取面向社会公开招聘、选派机关干部到村任职、引导高校毕业生到农村基层就业等办法，选拔和储备村级领导班子人选。积极探索考录优秀村党组织书记、村委会主任进入乡镇公务员队伍的途径和办法。建立健全城乡一体的党员动态管理机制，不断提高农村党员的管理服务水平，尊重和保障他们的民主权利，为广大农村党员在新农村建设中发挥先锋模范作用搭建平台、创造条件。

（十七）全面提高广大农民的科技、文化和人文素质。要以促进人的全面发展为目标，通过农民科学素质行动等有效形式，积极实施广播电视村村通工程、“星火科技 30 分”、全国文化信息资源共享工程、送书下乡工程等，加快农民知识化进程，全面提高农民的综合素质。增强针对性，采取农民群众喜闻乐见的形式，大力弘扬爱国主义、集体主义、社会主义思想，积极开展民主法制教育、思想道德教育和科技文化教育。重视城乡文化协调发展，着力丰富农村、偏远地区、进城务工人员的精神文化生活。以农村精神文明建设为主线，积极开展各种形式的文明户、文明企业、文明市场、文明村镇创建活动，以及和谐家庭、和谐村组、和谐乡镇创建活动，树立新风尚，发展新文化，培育新农民。

六、统筹城乡资源，为新农村建设提供人才和智力支持

（十八）为发展现代农业提供人才支持。适应农业现代化的发展要求，大力加强涉农高等学校和科研院所建设。坚持面向“三农”，调整涉农高等学校的专业设置，改革教学内容、课程体系和教学方法，采取定向就业招生、专项奖学金等方式，为农村培养一批留得住、用得上的专业技术人才。大力加强农业基础研究和高新技术研究，实施农业科技支撑计划，着力培养一批引领农业科技前沿、推动农业科技成果转化的高层次农业科技人才。加快新型基层农技服务和推广体系建设，选拔经验丰富、实践能力强的专业技术人才充实农技推广队伍，确保一线农技人员力量。实施基层农技服务和推广人员知识更新工程，不断提高他们的技术服务和推广能力。落实和完善县以下基层单位农林科技人员的工资倾斜政策。鼓励和引导农业科技人才通过技术开发、承包经

营、投资入股、成果转让、提供有偿技术服务等形式，从事农技推广或产业化经营活动。逐步实行推广教授、推广研究员制度，组织动员广大高校教师、科研人员深入农村一线开展服务。长期扎根在农业生产、科技推广一线的教学、科研、推广人员参加职称评审或评奖，可以在同等条件下优先考虑；其中为国家作出突出贡献的，可以破格。鼓励和支持高等学校、科研院所与地方开展人才、科技共建活动。

（十九）引导和鼓励高校毕业生到农村工作或提供服务。引导和鼓励高校毕业生到农村工作是推进农村现代化、统筹城乡发展的客观要求。各地要结合实际，加大力度，完善政策，广开渠道，每年选拔一定数量的应届高校毕业生到乡村基层就业。积极实施“三支一扶”计划、大学生志愿服务西部计划等，加强对高校毕业生服务期间的管理和培养，做好服务期满后的就业服务工作，努力创造条件，鼓励他们扎根农村。认真执行省级以上党政机关招录的没有基层工作经历的高校毕业生应安排到县以下基层单位工作 1 至 2 年的政策。

（二十）鼓励各类人才到农村服务与创业。建立政府引导、市场配置、项目对接、利益共享的新机制，鼓励引导科技、教育、卫生、文化等各方面人才下乡进村直接为“三农”服务，广泛动员社会各方面力量参与新农村建设。鼓励各类人才通过技术服务、成果转化、资金参股、贸易合作等方式，到农村创业兴业。继续深入实施“科技特派员”、“农业专家大院”、扶贫志愿者行动计划、科技文化卫生“三下乡”、科技专家服务“三农”等活动，不断扩大范围和规模，完善配套和激励政策。继续做好“科技副职”选派工作。探索利用国有农场的人才资源优势支持新农村建设的方式途径。加强社会工作人员对农村、农民的服务。鼓励离退休科技、卫生、文化等人才通过咨询服务等形式到农村发挥余热。

加强对城市教育、卫生、文化人才支持新农村建设的政策引导。要把城镇教师支援农村教育和师范生支教工作作为一项长期的重要任务来抓，努力缓解农村边远地区学校师资紧缺矛盾。深入开展万名医师支援农村卫生工程等卫生对口支援活动，逐级选派医疗卫生人员到下一级医疗卫生机构开展医疗卫生服务，进行技术培训。严格执行城市医生在晋升主治医师或副主任医师职称前到农村累计服务 1 年的制度。组织专业文化工作者到农村举办短期培训班，提高农民文化骨干的知识和技能。

（二十一）做好对欠发达地区人才帮扶工作。加大对中西部地区、少数民族地区、贫困地区等欠发达地区农村实用人才队伍建设的投入和政策倾斜力度，开展部门、地区、项目对口帮扶活动，在资金、技术、人才等方面加大支持力度。采取积极措施,引导和鼓励发达地区有条件的企业为欠发达地区培训农村实用人才。结合对口帮扶工作,在开展扶贫开发整村推进工作时,有针对性地选择贫困村干部和致富带头人到东部地区接受培训。组织城市和东部地区学校帮助农村和西部地区学校改善办学条件,开展合作办学,不断提高教师素质和教学水平。建设一批人才培训基地,重点为欠发达地区培训各类实用人才。各地要结合本地区实际,制定具体办法,推进区域内城市对农村在科教卫文等方面的对口支持。

七、进一步加强对农村实用人才队伍建设和农村人力资源开发工作的组织领导

(二十二)健全完善农村人才工作体系。建立党委统一领导,组织部门牵头抓总,人事、农业部门具体负责,教育、科技、文化、卫生、劳动保障、财政、发展改革、扶贫开发等部门各司其职、协调配合,共青团、妇联、科协等人民团体广泛参与的工作机制,努力形成社会各方面力量培养农村人才、开发农村人力资源的工作格局。对本意见提出的各项政策措施的贯彻执行情况,有关部门要定期进行督促检查和评估,及时总结推广基层创造的新做法和新经验。各地要结合实际,研究制订农村人才中长期建设规划,并将这项工作纳入本地区新农村建设的总体规划。县、乡、村三级党组织在农

村人才队伍建设中负有重要责任,要把工作成效列为县、乡党政领导班子政绩考核的内容之一。

(二十三)充分发挥农村基层党组织在农村实用人才队伍建设和农村人力资源开发中的重要作用。加强农村实用人才队伍建设,推动农村人力资源开发,必须切实发挥好农村基层党组织的作用。农村基层党组织要努力营造有利于农村实用人才发挥作用、干事创业的良好环境。要认真组织实施“双培双带”工程,把农村党员干部培养成实用人才,把实用人才中的优秀分子培养成农村党员干部,积极支持农村党员干部和实用人才带头致富、带领群众共同致富。要加强同外出务工人员、流动党员、各类新经济组织负责人的联系,积极引导他们当中的优秀人才回乡创业。要把农村实用人才队伍建设纳入农村党的建设“三级联创”活动之中,作为乡村党组织创建“好班子”、“好队伍”的一项重要内容,使农村实用人才队伍建设和农村人力资源开发工作成为农村党的建设的一项经常性工作。农村基层党组织要整合、运用好各方面资源,充分发挥共青团、妇联等人民团体在凝聚人才、联系群众等方面的作用,切实增强推进农村实用人才工作的整体合力。建立健全城乡党的基层组织互帮互助机制。积极支持政治素质好、有突出贡献的农村实用人才代表进入地方基层的人大、政协参政议政。

（二十四）加大对农村实用人才队伍建设和农村人力资源开发的投入力度。按照统筹城乡经济社会发展的要求，充分发挥公共财政的职能作用，建立农村实用人才队伍建设和农村人力资源开发的投入和社会分担机制，推动农村人才队伍建设。各级财政要在财力许可的范围内，加大对农村实用人才培养培训的投入力度，支持新农村实用人才培训工程的组织实施。鼓励和支持企业、个人、社会等各方面力量加大对农村实用人才工作的投入，逐步健全多元化的投入机制。

（二十五）积极营造有利于农村各类人才成长兴业的社会氛围。各地区各部门要强化思想认识，进一步明确广大农民在新农村建设中的主体作用，高度重视农村实用人才在新农村建设中的重要作用。通过报刊、广播、电视、网络等各种媒体，大力宣传优秀实用人才科技致富、艰苦奋斗的事迹，表彰他们做出的突出成绩，扩大他们的社会影响，提高他们的社会地位，在全社会努力营造关心和爱护农村实用人才的良好氛围，激发广大农民成才兴业、建设社会主义新农村的积极性。要努力形成正确的舆论导向，引导和鼓励城乡各方面人才面向“三农”，扎根农村，为建设社会主义新农村作出积极贡献。

中共中央转发《中共全国人大常委会党组关于加强县乡人大工作和建设的若干意见》的通知（略有删节）

（2015 年 6 月 22 日）

《中共全国人大常委会党组关于加强县乡人大工作和建设的若干意见》已经党中央同意，现转发给你们，请结合实际认真贯彻执行。

人民代表大会制度是中国特色社会主义制度的重要组成部分，是坚持党的领导、人民当家作主、依法治国有机统一的根本制度安排，是支撑我国国家治理体系和治理能力的根本政治制度。发展社会主义民主政治，必须坚定不移走中国特色社会主义政治发展道路，充分发挥人民代表大会制度的根本政治制度作用，把人民代表大会制度坚持好、完善好、发展好。

县级人民代表大会及其常务委员会和乡镇人民代表大会，是基层国家权力机关，是我国地方国家政权的重要基础。

加强县乡人大工作和建设，充分发挥基层国家权力机关和人大代表作用，巩固党的执政基础，加强基层国家政权建设，是坚持和完善人民代表大会制度、做好新形势下人大工作的重要任务。必须全面贯彻党的十八大和十八届三中、四中全会精神，深入贯彻习近平总书记系列重要讲话精神，坚持党的领导、人民当家作主、依法治国有机统一，按照总结、继承、完善、提高的原则，保证县乡人大依法行使职权，健全县乡人大组织制度和工作机制，提高县乡人大工作水平，推动人民代表大会制度和人大工作与时俱进、完善发展，为协调推进“四个全面”战略布局、促进党和国家各项事业发展作出积极贡献。

中共全国人大常委会党组
关于加强县乡人大工作和建设的若干意见

加强县乡人大工作和建设，充分发挥基层国家权力机关和人大代表作用，巩固党的执政基础，加强基层国家政权建设，是当前和今后一个时期坚持和完善人民代表大会制度、做好新形势下人大工作的重要方面。为此，提出以下意见。

一、加强县乡人大工作和建设的重要意义

县级人民代表大会及其常务委员会和乡镇人民代表大

会，是基层国家权力机关，是我国地方国家政权的重要基础，是实现基层民主的有效形式。县乡两级人大代表由选民直接选举产生，占我国五级人大代表总数的95%，是党和国家联系广大人民群众的重要桥梁。

多年来，县乡人大坚持党的领导、人民当家作主、依法治国有机统一，依法行使职权，为推动地方经济社会发展和民主法治建设作出了积极贡献。同时也要看到，目前县乡人大工作和建设中也存在一些不容忽视的问题，主要是：有的地方人大代表选举工作不规范不负责，违法违规情况时有发生；有的地方人大会议质量不高，存在“走过场”现象；有的地方人大行使法定职权不充分不到位，存在“虚化”现象；人大代表联系群众的形式和渠道不便利，需要进一步拓展丰富；人大代表和常委会、专委会组成人员结构有待优化，机构和工作力量难以适应需要等。这些问题需要及时妥善解决。

党的十八大和十八届三中、四中全会对推动人民代表大会制度与时俱进、做好新形势下人大工作提出了新要求。加强县乡人大工作和建设，对于巩固党的执政基础，坚持人民主体地位，充分发挥基层国家权力机关作用，健全基层国家政权体制，夯实推进国家治理体系和治理能力现代化的基础，实现“两个一百年”奋斗目标、实现中华民族伟大复兴的中国梦，具有重要意义。

二、总体要求和重要原则

加强县乡人大工作和建设的总体要求是：全面贯彻落实党的十八大和十八届三中、四中全会精神，高举中国特色社会主义伟大旗帜，以邓小平理论、“三个代表”重要思想、科学发展观为指导，深入学习贯彻习近平总书记系列重要讲话精神，坚定不移走中国特色社会主义政治发展道路，适应全面建成小康社会、全面深化改革、全面依法治国、全面从严治党新要求，按照总结、继承、完善、提高的原则，保证县乡人大依法行使职权，健全县乡人大组织制度和工作机制，提高县乡人大工作水平，为坚持和完善人民代表大会制度、促进党和国家各项事业发展作出新贡献。

贯彻上述总体要求，要遵循以下重要原则：

——坚持党的领导。坚持党总揽全局、协调各方的领导核心作用，自觉把党的领导贯穿于县乡人大工作全过程、落实到依法履职各方面。

——坚持人民主体地位。把实现好、维护好、发展好最广大人民根本利益作为县乡人大工作的出发点和落脚点，努力做到民有所呼、我有所应。

——坚持依法治国。保证宪法、法律、法规和上级人大及其常委会决议在本行政区域内得到遵守和执行，促进依法行政、公正司法和全民守法。

——坚持民主集中制。保证县乡人大由选民直接选举产生，对人民负责、受人民监督；“一府两院”由人大产生，对人大负责、受人大监督。坚持集体行使职权，集体决定问题。

——坚持从国情和实际出发。充分发挥县乡人大工作、人大代表的特点和优势，坚持问题导向，依法探索创新，注重求真务实。

三、依法做好县乡人大代表选举工作

（一）加强对县乡人大代表选举工作的领导。坚持党的领导、充分发扬民主、严格依法办事，确保选举工作风清气正，确保选举结果人民满意。地方党委对县乡人大换届选举工作负领导责任，要及时研究解决选举工作中出现的情况和问题。县级人大常委会对县乡人大换届选举工作负组织责任，依法加强对县乡两级选举委员会的领导。换届选举工作中的重大问题和重要情况，县级人大常委会党组要及时向本级党委请示报告。

（二）把好人大代表“入口关”。地方党委要把县乡人大代表选举作为党管干部、党管人才的重要工作内容，依法行使代表候选人提名推荐权，把好代表政治关、素质关、结构关。健全代表候选人提名推荐工作程序，明确工作分工和职责。认定代表候选人的身份,应当以参加选举时所从事的职业为准;具有多重身份的,应当按工作性质主次认定;党政干部、企业负责人不得挤占工人、农民和专业技术人员代表名额。选举委员会要依法按时公布初步代表候选人、正式代表候选人名单及代表候选人的基本情况,向社会公布当选代表名单,接受人民群众监督。

(三)加强选举组织工作。依法做好宣传动员、选区划分、选民登记、提名推荐、讨论协商预选、候选人介绍、投票选举、计票监票、选举结果确定等各环节工作。改进选民登记工作,推动建立全国联网的选民登记系统,提高选民登记的便捷性和准确性。保障流动人口参选,简化流动人口参选程序。改进代表候选人介绍工作,充实代表候选人相关信息资料,完善组织代表候选人与选民见面、回答选民提问的程序,保障选民知情权。

(四)加强人大代表资格审查工作。县乡人大代表资格审查委员会依法审查当选代表是否符合宪法法律规定的代表基本条件,选举是否符合法律规定,当选代表是否存在破坏选举的违法行为。对不符合法律规定或者以违法行为当选的,应当在报告中提出个别代表当选无效的意见,由县级人大常委会、乡镇人民代表大会确定。认真受理对当选代表的举报,及时交有关方面依法调查处理;对被举报的当选代表问题线索清晰但尚未核查清楚的，由有关方面继续调查，可以延迟提出其当选有效或者当选无效的意见。

（五）加强对选举全过程的监督。地方党委和纪检监察机关要认真履行党风廉政建设主体责任和监督责任，严格执行换届纪律规定，坚决查处选举中的不正之风和腐败问题。县级人大常委会要领导和监督县乡两级选举委员会依法履行职责，确保选举严格依法按程序进行。公安机关、司法机关要依法追究破坏选举行为的法律责任。

四、认真开好县乡人大会议

依法合理安排会议次数和会期。县级人民代表大会会议每年至少举行1次，必要时可以增加；县级人大常委会会议每两个月至少举行1次；乡镇人民代表大会会议一般每年举行2次。根据实际需要和会议内容，合理安排会期。没有选举事项时，县级人大会议不少于2天，乡镇人大会议不少于1天；有选举事项时，会期适当增加。

着力提高会议质量。健全议事规则，创新议事形式，完善审议程序，充实会议内容，集思广益、凝聚共识。会议文件至少提前1天送与会人员。人大代表和常委会组成人员应当认真准备，紧紧围绕议题审议发言。人大审议各项报告、议案时，有关国家机关负责人应当到会听取意见、回答询问，会后认真研究、积极采纳人大代表和常委会组成人员提出的意见建议并及时反馈。

五、依法行使重大事项决定权

健全人大讨论、决定重大事项制度。县乡党委要增强依法执政观念,善于把重大决策部署通过人大法定程序转化为国家意志。县乡人民政府重大决策出台前要向本级人大报告。县乡人大讨论的事项,根据实际情况,可以依法作出决议、决定;也可以将人大讨论中的意见建议转送“一府两院”研究处理。

人大要把听取审议“一府两院”工作报告、审查批准计划和预算作为行使重大事项决定权的重点,依法认真负责地作出决议、决定。有关国家机关要将本年度工作中的大事要事,反映在当年向本级人大所作的有关报告和提交的有关文件中。

地方人大根据法律规定,结合地方实际,可以制定具体办法,进一步明确重大事项范围,包括加强民主法治建设的重大措施以及区域发展总体规划、城镇建设、重大民生工程、重大建设项目等。

六、加强和改进监督工作

依法行使监督权。全面贯彻实施各级人民代表大会常务委员会监督法等有关法律,围绕中心工作,每年选择若干事关改革发展稳定全局的重大问题、人民群众普遍关注的热点难点问题,有重点有计划地加强监督。确定监督项目、开展监督工作时,应当认真听取人大代表和人民群众的意见建议,积极回应社会关切。

加强预算决算审查和监督。依照预算法的规定,健全预算决算审查监督工作机制,督促政府严格预算执行,推进预算公开。县乡人大审查预算草案,应当对预算安排的合法性、完整性、可行性,重点支出和重大投资项目是否适当等进行重点审查。审查预算草案前,应当采取多种形式听取人大代表和有关方面的意见建议。

完善监督工作方式方法。县级人大常委会要健全执法检查、听取审议工作报告的工作机制,加强规范性文件备案审查工作,积极探索通过询问、质询等方式加强监督,加大督促落实力度,切实推动有关方面改进工作、解决问题。乡镇人大通过听取审议工作报告,组织代表开展视察、专题调研、执法检查等方式,对政府工作进行监督。

七、认真做好人事选举任免工作

规范和完善人事选举和任命程序。保障人大代表和常委会组成人员的知情权,规范被推荐人选在会议投票表决前同人大代表、常委会组成人员见面的程序。可以采取任职表态、颁发任命书等形式,增强选举和任命人员的责任意识和公仆意识。加强对人大选举和任命人员的监督。

八、加强同人大代表和人民群众的联系

（一）密切人大代表同人民群众的联系。完善代表联系群众制度，建立健全代表联络机构，拓宽代表联系群众的方式和渠道，通过调研、视察、走访、直接联系选民、代表接待日、主题活动等方式，畅通社情民意表达和反映渠道。依托各级人大门户网站，搭建代表履职服务网络平台。推动代表联络机构面向选区选民，公开代表基本信息。

（二）加强国家机关同人大代表的联系。县级人大常委会要建立健全常委会组成人员联系本级人大代表的工作机制，经常听取代表的意见建议；扩大代表对常委会工作的参与，邀请代表列席会议和参加有关活动。“一府两院”要加强同本级人大代表的联系，通过多种形式听取代表对有关工作的意见建议。政府研究出台重大工程项目或者涉及民生的重大举措，应当听取代表的意见建议。代表依法提出约见有关国家机关负责人的，县乡人大应当及时进行联系和安排，有关国家机关负责人或者其委托的人员应当认真听取代表的意见建议。

（三）提高人大代表议案建议办理质量。把认真办理代表议案建议作为支持代表依法履职、充分发挥代表作用的关键环节，切实解决重答复、轻落实的问题。健全县级人大常委会主任、副主任和乡镇人大主席、副主席督办重点建议机

制。督促“一府两院”加强与代表的沟通协商,积极推动解决问题。县乡人大应当向社会公开代表议案建议的提出和办理情况,可以安排听取审议有关承办单位办理工作情况的报告。

（四）做好人大代表履职服务保障工作。县级人大常委会和乡镇人大主席、副主席依照法律规定,做好联系代表、组织代表活动的各项工作,为代表执行职务提供便利、做好服务保障工作。县级人大常委会要组织好县乡两级人大代表学习培训工作,省市级人大常委会要加强对代表培训工作的指导和督促,积极推进建立代表远程培训学习平台。

（五）依法保障人大代表活动经费。代表活动必需经费,应当列入本级财政预算并予以保证。各地根据实际情况,合理确定和调整代表开展集中视察、专题调研等活动的经费标准。对无固定收入的代表执行代表职务,根据实际情况由本级财政给予适当补贴。

（六）加强人大代表履职监督。健全代表述职制度,组织县乡人大代表定期向原选区选民报告履职情况,回答选民询问,接受选民监督。建立代表履职档案,记录代表履职情况,并逐步向社会公开。探索建立代表履职激励机制,建立健全不称职代表退出机制。加强代表思想、作风建设,教育和督促代表珍惜人民赋予的权力,严格依法执行职务,模范遵守宪法法律,自觉遵守社会公德。

九、加强县乡人大自身建设

(一)加强思想政治建设。坚持正确政治方向,坚持党对人大工作的领导,始终在思想上政治上行动上同以习近平同志为总书记的党中央保持高度一致。贯彻党的群众路线,加强作风建设。健全集体学习机制,不断提高政治素质和依法履职能力。保持奋发有为、积极进取、昂扬向上的精神状态,全面提升县乡人大工作质量和水平。

(二)加强县级人大组织建设。修改地方各级人民代表大会和地方各级人民政府组织法,适当增加县级人大常委会组成人员的名额,一般为 25 至 35 人,人口超过一百万的县,名额不超过 45 人。优化常委会组成人员结构,逐步将专职组成人员比例提高到 60%以上。根据需要,县级人大可以设立法制、财政经济等专门委员会;健全常委会办事机构和工作机构,设立 3 个左右工作委员会,加强工作力量和能力建设。不设区的市、市辖区人大常委会可以在街道设立工作机构或者明确相关机构,负责联系本辖区内的人大代表,组织代表开展活动,根据授权开展监督、选举等工作,并向市、区人大常委会报告工作。

(三)加强乡镇人大建设。乡镇人大设专职主席 1 人,提名为县级人大代表人选;有条件的地方,可以配备专职副主席。乡镇人大主席、副主席应当把主要时间和精力放在人大工作上。明确人员协助乡镇人大主席开展工作。

修改地方各级人民代表大会和地方各级人民政府组织法,明确乡镇人大在闭会期间的职权和活动方式。规定乡镇人大主席团或者乡镇人大主席、副主席在闭会期间,可以组织代表听取审议乡镇政府专项工作报告,对法律法规实施情况进行检查,联系和组织代表开展活动,听取和反映代表、群众的意见建议;开会时,向乡镇人民代表大会报告工作。乡镇人大主席团或者乡镇人大主席、副主席,应当将代表的审议意见和群众对政府工作的意见交由有关方面研究处理,有关方面应当及时反馈研究处理情况。乡镇人大主席团成员不担任乡镇政府的职务。

(四)加强干部队伍建设。县乡党委要把人大干部的培养、选拔和任用纳入干部队伍建设总体规划,选派政治坚定、经验丰富、具备专业知识的干部担任县级人大常委会主任、副主任或者乡镇人大主席、副主席。县级人大常委会主任实行专职配备,列席党委常委会会议。有计划地安排人大干部同党政部门、司法部门干部之间的合理交流。

(五)推进信息化建设。依托国家电子政务网络体系的省市级人大网站或者同级党政网络平台建立县级人大门户网站,鼓励有条件的乡镇、街道同步开设人大工作网站网页,向社会和选区发布人大工作信息，增强人大机关、人大代表与人民群众的交流互动。积极探索运用即时通信工具开设人大公众账号。积极推进县级人大常委会全部建立电子表决系统。

十、加强党对县乡人大工作的领导

地方各级党委要高度重视和大力加强县乡人大工作和建设，通过听取党组工作汇报、召开人大工作会议、出台指导性文件、加强领导班子建设等形式，支持和保证县乡人大依法行使职权，帮助解决实际问题。县乡党委要加强对人大工作的领导，把人大工作纳入整体工作布局，统一部署和推进。

县乡人大要紧紧围绕地方党委中心任务，依法行使职权，积极开展工作，保证党的主张通过法定程序成为国家意志，保证党组织推荐的人选通过法定程序成为国家机关领导人员。人大工作中的重大问题和重要事项，由县级人大常委会党组、乡镇人大主席及时向本级党委请示报告。

加强法治保障和工作指导。认真总结县乡人大工作和建设经验，根据实践需要修改完善地方各级人民代表大会和地方各级人民政府组织法、全国人民代表大会和地方各级人民代表大会选举法、全国人民代表大会和地方各级人民代表大会代表法等相关法律，为推动县乡人大工作完善发展提供法律保障。全国人大常委会和省（自治区、直辖市）、设区的市人大常委会要重视县乡人大工作和建设，加强工作联系和指导，共同做好新形势下人大工作。

本意见所称县，包括县、自治县、不设区的市、市辖区等；所称乡，包括乡、民族乡、镇等。

中共中央、国务院
关于抓好“三农”领域重点工作
确保如期实现全面小康的意见

（2020年1月2日）

党的十九大以来，党中央围绕打赢脱贫攻坚战、实施乡村振兴战略作出一系列重大部署，出台一系列政策举措。农业农村改革发展的实践证明，党中央制定的方针政策是完全正确的，今后一个时期要继续贯彻执行。

2020年是全面建成小康社会目标实现之年，是全面打赢脱贫攻坚战收官之年。党中央认为，完成上述两大目标任务，脱贫攻坚最后堡垒必须攻克，全面小康“三农”领域突出短板必须补上。小康不小康，关键看老乡。脱贫攻坚质量怎么样、小康成色如何，很大程度上要看“三农”工作成效。全党务必深刻认识做好2020年“三农”工作的特殊重要性，毫不松懈，持续加力，坚决夺取第一个百年奋斗目标的全面胜利。

做好2020年“三农”工作总的要求是，坚持以习近平新时代中国特色社会主义思想为指导，全面贯彻党的十九大和十九届二中、三中、四中全会精神，贯彻落实中央经济工作会议精神，对标对表全面建成小康社会目标，强化举措、狠抓落实，集中力量完成打赢脱贫攻坚战和补上全面小康“三农”领域突出短板两大重点任务，持续抓好农业稳产保供和农民增收，推进农业高质量发展，保持农村社会和谐稳定，提升农民群众获得感、幸福感、安全感，确保脱贫攻坚战圆满收官，确保农村同步全面建成小康社会。

一、坚决打赢脱贫攻坚战

（一）全面完成脱贫任务。脱贫攻坚已经取得决定性成就，绝大多数贫困人口已经脱贫，现在到了攻城拔寨、全面收官的阶段。要坚持精准扶贫，以更加有力的举措、更加精细的工作，在普遍实现“两不愁”基础上，全面解决“三保障”和饮水安全问题，确保剩余贫困人口如期脱贫。进一步聚焦“三区三州”等深度贫困地区，瞄准突出问题和薄弱环节集中发力，狠抓政策落实。对深度贫困地区贫困人口多、贫困发生率高、脱贫难度大的县和行政村，要组织精锐力量强力帮扶、挂牌督战。对特殊贫困群体，要落实落细低保、医保、养老保险、特困人员救助供养、临时救助等综合社会保障政策，实现应保尽保。各级财政要继续增加专项扶贫资金，中央财政新增部分主要用于“三区三州”等深度贫困地区。优化城乡建设用地增减挂钩、扶贫小额信贷等支持政策。深入推进抓党建促脱贫攻坚。

（二）巩固脱贫成果防止返贫。各地要对已脱贫人口开展全面排查，认真查找漏洞缺项，一项一项整改清零，一户一户对账销号。总结推广各地经验做法，健全监测预警机制，加强对不稳定脱贫户、边缘户的动态监测，将返贫人口和新发生贫困人口及时纳入帮扶，为巩固脱贫成果提供制度保障。强化产业扶贫、就业扶贫，深入开展消费扶贫，加大易地扶贫搬迁后续扶持力度。扩大贫困地区退耕还林还草规模。深化扶志扶智，激发贫困人口内生动力。

（三）做好考核验收和宣传工作。严把贫困退出关，严格执行贫困退出标准和程序，坚决杜绝数字脱贫、虚假脱贫，确保脱贫成果经得起历史检验。加强常态化督导，及时发现问题、督促整改。开展脱贫攻坚普查。扎实做好脱贫攻坚宣传工作，全面展现新时代扶贫脱贫壮阔实践，全面宣传扶贫事业历史性成就，深刻揭示脱贫攻坚伟大成就背后的制度优势，向世界讲好中国减贫生动故事。

（四）保持脱贫攻坚政策总体稳定。坚持贫困县摘帽不摘责任、不摘政策、不摘帮扶、不摘监管。强化脱贫攻坚责任落实，继续执行对贫困县的主要扶持政策，进一步加大东西部扶贫协作、对口支援、定点扶贫、社会扶贫力度，稳定扶贫工作队伍，强化基层帮扶力量。持续开展扶贫领域腐败和作风问题专项治理。对已实现稳定脱贫的县，各省(自治区、直辖市)可以根据实际情况统筹安排专项扶贫资金，支持非贫困县、非贫困村贫困人口脱贫。

(五)研究接续推进减贫工作。脱贫攻坚任务完成后，我国贫困状况将发生重大变化，扶贫工作重心转向解决相对贫困，扶贫工作方式由集中作战调整为常态推进。要研究建立解决相对贫困的长效机制，推动减贫战略和工作体系平稳转型。加强解决相对贫困问题顶层设计，纳入实施乡村振兴战略统筹安排。抓紧研究制定脱贫攻坚与实施乡村振兴战略有机衔接的意见。

二、对标全面建成小康社会加快补上农村基础设施和公共服务短板

(六)加大农村公共基础设施建设力度。推动“四好农村路”示范创建提质扩面，启动省域、市域范围内示范创建。在完成具备条件的建制村通硬化路和通客车任务基础上，有序推进较大人口规模自然村(组)等通硬化路建设。支持村内道路建设和改造。加大成品油税费改革转移支付对农村公路养护的支持力度。加快农村公路条例立法进程。加强农村道路交通安全管理。完成“三区三州”和抵边村寨电网升级改造攻坚计划。基本实现行政村光纤网络和第四代移动通信网络普遍覆盖。落实农村公共基础设施管护责任,应由政府承担的管护费用纳入政府预算。做好村庄规划工作。

(七)提高农村供水保障水平。全面完成农村饮水安全巩固提升工程任务。统筹布局农村饮水基础设施建设,在人口相对集中的地区推进规模化供水工程建设。有条件的地区将城市管网向农村延伸,推进城乡供水一体化。中央财政加大支持力度,补助中西部地区、原中央苏区农村饮水安全工程维修养护。加强农村饮用水水源保护,做好水质监测。

(八)扎实搞好农村人居环境整治。分类推进农村厕所革命,东部地区、中西部城市近郊区等有基础有条件的地区要基本完成农村户用厕所无害化改造,其他地区实事求是确定目标任务。各地要选择适宜的技术和改厕模式,先搞试点,证明切实可行后再推开。全面推进农村生活垃圾治理,开展就地分类、源头减量试点。梯次推进农村生活污水治理,优先解决乡镇所在地和中心村生活污水问题。开展农村黑臭水体整治。支持农民群众开展村庄清洁和绿化行动,推进"美丽家园"建设。鼓励有条件的地方对农村人居环境公共设施维修养护进行补助。

(九)提高农村教育质量。加强乡镇寄宿制学校建设,统筹乡村小规模学校布局,改善办学条件,提高教学质量。加强乡村教师队伍建设,全面推行义务教育阶段教师“县管校聘”,有计划安排县城学校教师到乡村支教。落实中小学教师平均工资收入水平不低于或高于当地公务员平均工资收入水平政策,教师职称评聘向乡村学校教师倾斜,符合条件的乡村学校教师纳入当地政府住房保障体系。持续推进农村义务教育控辍保学专项行动,巩固义务教育普及成果。增加学位供给,有效解决农民工随迁子女上学问题。重视农村学前教育,多渠道增加普惠性学前教育资源供给。加强农村特殊教育。大力提升中西部地区乡村教师国家通用语言文字能力,加强贫困地区学前儿童普通话教育。扩大职业教育学校在农村招生规模,提高职业教育质量。

(十)加强农村基层医疗卫生服务。办好县级医院,推进标准化乡镇卫生院建设,改造提升村卫生室,消除医疗服务空白点。稳步推进紧密型县域医疗卫生共同体建设。加强乡村医生队伍建设,适当简化本科及以上学历医学毕业生或经住院医师规范化培训合格的全科医生招聘程序。对应聘到中西部地区和艰苦边远地区乡村工作的应届高校医学毕业生,给予大学期间学费补偿、国家助学贷款代偿。允许各地盘活用好基层卫生机构现有编制资源,乡镇卫生院可优先聘用符合条件的村医。加强基层疾病预防控制队伍建设,做好重大疾病和传染病防控。将农村适龄妇女宫颈癌和乳腺癌检查纳入基本公共卫生服务范围。

(十一)加强农村社会保障。适当提高城乡居民基本医疗保险财政补助和个人缴费标准。提高城乡居民基本医保、大病保险、医疗救助经办服务水平,地级市域范围内实现"一站式服务、一窗口办理、一单制结算"。加强农村低保对象动态精准管理,合理提高低保等社会救助水平。完善农村留守儿童和妇女、老年人关爱服务体系。发展农村互助式养老,多形式建设日间照料中心,改善失能老年人和重度残疾人护理服务。

(十二)改善乡村公共文化服务。推动基本公共文化服务向乡村延伸,扩大乡村文化惠民工程覆盖面。鼓励城市文艺团体和文艺工作者定期送文化下乡。实施乡村文化人才培养工程,支持乡土文艺团组发展,扶持农村非遗传承人、民间艺人收徒传艺,发展优秀戏曲曲艺、少数民族文化、民间文化。保护好历史文化名镇(村)、传统村落、民族村寨、传统建筑、农业文化遗产、古树名木等。以"庆丰收、迎小康"为主题办好中国农民丰收节。

(十三)治理农村生态环境突出问题。大力推进畜禽粪污资源化利用,基本完成大规模养殖场粪污治理设施建设。深入开展农药化肥减量行动,加强农膜污染治理,推进秸秆综合利用。在长江流域重点水域实行常年禁捕,做好渔民退捕工作。推广黑土地保护有效治理模式，推进侵蚀沟治理，启动实施东北黑土地保护性耕作行动计划。稳步推进农用地土壤污染管控和修复利用。继续实施华北地区地下水超采综合治理。启动农村水系综合整治试点。

三、保障重要农产品有效供给和促进农民持续增收

（十四）稳定粮食生产。确保粮食安全始终是治国理政的头等大事。粮食生产要稳字当头，稳政策、稳面积、稳产量。强化粮食安全省长责任制考核，各省（自治区、直辖市）2020年粮食播种面积和产量要保持基本稳定。进一步完善农业补贴政策。调整完善稻谷、小麦最低收购价政策，稳定农民基本收益。推进稻谷、小麦、玉米完全成本保险和收入保险试点。加大对大豆高产品种和玉米、大豆间作新农艺推广的支持力度。抓好草地贪夜蛾等重大病虫害防控，推广统防统治、代耕代种、土地托管等服务模式。加大对产粮大县的奖励力度，优先安排农产品加工用地指标。支持产粮大县开展高标准农田建设新增耕地指标跨省域调剂使用，调剂收益按规定用于建设高标准农田。深入实施优质粮食工程。以北方农牧交错带为重点扩大粮改饲规模，推广种养结合模式。完善新疆棉花目标价格政策。拓展多元化进口渠道，增加适应国内需求的农产品进口。扩大优势农产品出口。深入开展农产品反走私综合治理专项行动。

（十五）加快恢复生猪生产。生猪稳产保供是当前经济工作的一件大事，要采取综合性措施，确保 2020 年年底前生猪产能基本恢复到接近正常年份水平。落实“省负总责”，压实“菜篮子”市长负责制，强化县级抓落实责任，保障猪肉供给。坚持补栏增养和疫病防控相结合，推动生猪标准化规模养殖，加强对中小散养户的防疫服务，做好饲料生产保障工作。严格落实扶持生猪生产的各项政策举措，抓紧打通环评、用地、信贷等瓶颈。纠正随意扩大限养禁养区和搞“无猪市”、“无猪县”问题。严格执行非洲猪瘟疫情报告制度和防控措施，加快疫苗研发进程。加强动物防疫体系建设，落实防疫人员和经费保障，在生猪大县实施乡镇动物防疫特聘计划。引导生猪屠宰加工向养殖集中区转移，逐步减少活猪长距离调运，推进“运猪”向“运肉”转变。加强市场监测和调控，做好猪肉保供稳价工作，打击扰乱市场行为，及时启动社会救助和保障标准与物价上涨挂钩联动机制。支持奶业、禽类、牛羊等生产，引导优化肉类消费结构。推进水产绿色健康养殖，加强渔港建设和管理改革。

（十六）加强现代农业设施建设。提早谋划实施一批现代农业投资重大项目，支持项目及早落地，有效扩大农业投资。以粮食生产功能区和重要农产品生产保护区为重点加快推进高标准农田建设，修编建设规划，合理确定投资标准，完善工程建设、验收、监督检查机制，确保建一块成一块。如期完成大中型灌区续建配套与节水改造，提高防汛抗旱能力，加大农业节水力度。抓紧启动和开工一批重大水利工程和配套设施建设，加快开展南水北调后续工程前期工作，适时推进工程建设。启动农产品仓储保鲜冷链物流设施建设工程。加强农产品冷链物流统筹规划、分级布局和标准制定。安排中央预算内投资，支持建设一批骨干冷链物流基地。国家支持家庭农场、农民合作社、供销合作社、邮政快递企业、产业化龙头企业建设产地分拣包装、冷藏保鲜、仓储运输、初加工等设施，对其在农村建设的保鲜仓储设施用电实行农业生产用电价格。依托现有资源建设农业农村大数据中心，加快物联网、大数据、区块链、人工智能、第五代移动通信网络、智慧气象等现代信息技术在农业领域的应用。开展国家数字乡村试点。

（十七）发展富民乡村产业。支持各地立足资源优势打造各具特色的农业全产业链，建立健全农民分享产业链增值收益机制，形成有竞争力的产业集群，推动农村一二三产业融合发展。加快建设国家、省、市、县现代农业产业园，支持农村产业融合发展示范园建设，办好农村“双创”基地。重点培育家庭农场、农民合作社等新型农业经营主体，培育农业产业化联合体，通过订单农业、入股分红、托管服务等方式，将小农户融入农业产业链。继续调整优化农业结构,加强绿色食品、有机农产品、地理标志农产品认证和管理,打造地方知名农产品品牌,增加优质绿色农产品供给。有效开发农村市场,扩大电子商务进农村覆盖面,支持供销合作社、邮政快递企业等延伸乡村物流服务网络,加强村级电商服务站点建设,推动农产品进城、工业品下乡双向流通。强化全过程农产品质量安全和食品安全监管,建立健全追溯体系,确保人民群众“舌尖上的安全”。引导和鼓励工商资本下乡,切实保护好企业家合法权益。制定农业及相关产业统计分类并加强统计核算,全面准确反映农业生产、加工、物流、营销、服务等全产业链价值。

(十八)稳定农民工就业。落实涉企减税降费等支持政策,加大援企稳岗工作力度,放宽失业保险稳岗返还申领条件,提高农民工技能提升补贴标准。农民工失业后,可在常住地进行失业登记,享受均等化公共就业服务。出台并落实保障农民工工资支付条例。以政府投资项目和工程建设领域为重点,开展农民工工资支付情况排查整顿,执行拖欠农民工工资“黑名单”制度,落实根治欠薪各项举措。实施家政服务、养老护理、医院看护、餐饮烹饪、电子商务等技能培训,打造区域性劳务品牌。鼓励地方设立乡村保洁员、水管员、护路员、生态护林员等公益性岗位。开展新业态从业人员职业伤害保障试点。深入实施农村创新创业带头人培育行动，将符合条件的返乡创业农民工纳入一次性创业补贴范围。

四、加强农村基层治理

（十九）充分发挥党组织领导作用。农村基层党组织是党在农村全部工作和战斗力的基础。要认真落实《中国共产党农村基层组织工作条例》，组织群众发展乡村产业，增强集体经济实力，带领群众共同致富；动员群众参与乡村治理，增强主人翁意识，维护农村和谐稳定；教育引导群众革除陈规陋习，弘扬公序良俗，培育文明乡风；密切联系群众，提高服务群众能力，把群众紧密团结在党的周围，筑牢党在农村的执政基础。全面落实村党组织书记县级党委备案管理制度，建立村"两委"成员县级联审常态化机制，持续整顿软弱涣散村党组织，发挥党组织在农村各种组织中的领导作用。严格村党组织书记监督管理，建立健全党委组织部门牵头协调，民政、农业农村等部门共同参与、加强指导的村务监督机制，全面落实"四议两公开"。加大农村基层巡察工作力度。强化基层纪检监察组织与村务监督委员会的沟通协作、有效衔接，形成监督合力。加大在青年农民中发展党员力度。持续向贫困村、软弱涣散村、集体经济薄弱村派驻第一书记。加强村级组织运转经费保障。健全激励村干部干事创业机制。选优配强乡镇领导班子特别是乡镇党委书记。在乡村开展

“听党话、感党恩、跟党走”宣讲活动。

（二十）健全乡村治理工作体系。坚持县乡村联动，推动社会治理和服务重心向基层下移，把更多资源下沉到乡镇和村，提高乡村治理效能。县级是“一线指挥部”，要加强统筹谋划，落实领导责任，强化大抓基层的工作导向，增强群众工作本领。建立县级领导干部和县直部门主要负责人包村制度。乡镇是为农服务中心，要加强管理服务，整合审批、服务、执法等方面力量，建立健全统一管理服务平台，实现一站式办理。充实农村人居环境整治、宅基地管理、集体资产管理、民生保障、社会服务等工作力量。行政村是基本治理单元，要强化自我管理、自我服务、自我教育、自我监督，健全基层民主制度，完善村规民约，推进村民自治制度化、规范化、程序化。扎实开展自治、法治、德治相结合的乡村治理体系建设试点示范，推广乡村治理创新性典型案例经验。注重发挥家庭家教家风在乡村治理中的重要作用。

（二十一）调处化解乡村矛盾纠纷。坚持和发展新时代“枫桥经验”，进一步加强人民调解工作，做到小事不出村、大事不出乡、矛盾不上交。畅通农民群众诉求表达渠道，及时妥善处理农民群众合理诉求。持续整治侵害农民利益行为，妥善化解土地承包、征地拆迁、农民工工资、环境污染等方面矛盾。推行领导干部特别是市县领导干部定期下基层接访制度，积极化解信访积案。组织开展“一村一法律顾问”等形式多样的法律服务。对直接关系农民切身利益、容易引发社会稳定风险的重大决策事项，要先进行风险评估。

（二十二）深入推进平安乡村建设。推动扫黑除恶专项斗争向纵深推进，严厉打击非法侵占农村集体资产、扶贫惠农资金和侵犯农村妇女儿童人身权利等违法犯罪行为，推进反腐败斗争和基层“拍蝇”，建立防范和整治“村霸”长效机制。依法管理农村宗教事务，制止非法宗教活动，防范邪教向农村渗透，防止封建迷信蔓延。加强农村社会治安工作，推行网格化管理和服务。开展农村假冒伪劣食品治理行动。打击制售假劣农资违法违规行为。加强农村防灾减灾能力建设。全面排查整治农村各类安全隐患。

五、强化农村补短板保障措施

（二十三）优先保障“三农”投入。加大中央和地方财政“三农”投入力度，中央预算内投资继续向农业农村倾斜，确保财政投入与补上全面小康“三农”领域突出短板相适应。地方政府要在一般债券支出中安排一定规模支持符合条件的易地扶贫搬迁和乡村振兴项目建设。各地应有序扩大用于支持乡村振兴的专项债券发行规模。中央和省级各部门要根据补短板的需要优化涉农资金使用结构。按照“取之于农、主要用之于农”要求，抓紧出台调整完善土地出让收入使用范围进一步提高农业农村投入比例的意见。调整完善农机购置补贴范围,赋予省级更大自主权。研究本轮草原生态保护补奖政策到期后的政策。强化对“三农”信贷的货币、财税、监管政策正向激励,给予低成本资金支持,提高风险容忍度,优化精准奖补措施。对机构法人在县域、业务在县域的金融机构,适度扩大支农支小再贷款额度。深化农村信用社改革,坚持县域法人地位。加强考核引导,合理提升资金外流严重县的存贷比。鼓励商业银行发行“三农”、小微企业等专项金融债券。落实农户小额贷款税收优惠政策。符合条件的家庭农场等新型农业经营主体可按规定享受现行小微企业相关贷款税收减免政策。合理设置农业贷款期限,使其与农业生产周期相匹配。发挥全国农业信贷担保体系作用,做大面向新型农业经营主体的担保业务。推动温室大棚、养殖圈舍、大型农机、土地经营权依法合规抵押融资。稳妥扩大农村普惠金融改革试点,鼓励地方政府开展县域农户、中小企业信用等级评价,加快构建线上线下相结合、“银保担”风险共担的普惠金融服务体系,推出更多免抵押、免担保、低利率、可持续的普惠金融产品。抓好农业保险保费补贴政策落实,督促保险机构及时足额理赔。优化“保险+期货”试点模式,继续推进农产品期货期权品种上市。

(二十四)破解乡村发展用地难题。坚守耕地和永久基本农田保护红线。完善乡村产业发展用地政策体系,明确用地类型和供地方式,实行分类管理。将农业种植养殖配建的保鲜冷藏、晾晒存贮、农机库房、分拣包装、废弃物处理、管理看护房等辅助设施用地纳入农用地管理,根据生产实际合理确定辅助设施用地规模上限。农业设施用地可以使用耕地。强化农业设施用地监管,严禁以农业设施用地为名从事非农建设。开展乡村全域土地综合整治试点,优化农村生产、生活、生态空间布局。在符合国土空间规划前提下,通过村庄整治、土地整理等方式节余的农村集体建设用地优先用于发展乡村产业项目。新编县乡级国土空间规划应安排不少于10%的建设用地指标,重点保障乡村产业发展用地。省级制定土地利用年度计划时,应安排至少5%新增建设用地指标保障乡村重点产业和项目用地。农村集体建设用地可以通过入股、租用等方式直接用于发展乡村产业。按照"放管服"改革要求,对农村集体建设用地审批进行全面梳理,简化审批审核程序,下放审批权限。推进乡村建设审批"多审合一、多证合一"改革。抓紧出台支持农村一二三产业融合发展用地的政策意见。

(二十五)推动人才下乡。培养更多知农爱农、扎根乡村的人才,推动更多科技成果应用到田间地头。畅通各类人才下乡渠道,支持大学生、退役军人、企业家等到农村干事创业。整合利用农业广播学校、农业科研院所、涉农院校、农业龙头企业等各类资源，加快构建高素质农民教育培训体系。落实县域内人才统筹培养使用制度。有组织地动员城市科研人员、工程师、规划师、建筑师、教师、医生下乡服务。城市中小学教师、医生晋升高级职称前，原则上要有1年以上农村基层工作服务经历。优化涉农学科专业设置，探索对急需紧缺涉农专业实行“提前批次”录取。抓紧出台推进乡村人才振兴的意见。

（二十六）强化科技支撑作用。加强农业关键核心技术攻关，部署一批重大科技项目，抢占科技制高点。加强农业生物技术研发，大力实施种业自主创新工程，实施国家农业种质资源保护利用工程，推进南繁科研育种基地建设。加快大中型、智能化、复合型农业机械研发和应用，支持丘陵山区农田宜机化改造。深入实施科技特派员制度，进一步发展壮大科技特派员队伍。采取长期稳定的支持方式，加强现代农业产业技术体系建设，扩大对特色优势农产品覆盖范围，面向农业全产业链配置科技资源。加强农业产业科技创新中心建设。加强国家农业高新技术产业示范区、国家农业科技园区等创新平台基地建设。加快现代气象为农服务体系建设。

（二十七）抓好农村重点改革任务。完善农村基本经营制度，开展第二轮土地承包到期后再延长30年试点，在试点基础上研究制定延包的具体办法。鼓励发展多种形式适度规模经营，健全面向小农户的农业社会化服务体系。制定农村集体经营性建设用地入市配套制度。严格农村宅基地管理，加强对乡镇审批宅基地监管，防止土地占用失控。扎实推进宅基地使用权确权登记颁证。以探索宅基地所有权、资格权、使用权"三权分置"为重点，进一步深化农村宅基地制度改革试点。全面推开农村集体产权制度改革试点，有序开展集体成员身份确认、集体资产折股量化、股份合作制改革、集体经济组织登记赋码等工作。探索拓宽农村集体经济发展路径，强化集体资产管理。继续深化供销合作社综合改革，提高为农服务能力。加快推进农垦、国有林区林场、集体林权制度、草原承包经营制度、农业水价等改革。深化农业综合行政执法改革，完善执法体系，提高执法能力。

做好"三农"工作，关键在党。各级党委和政府要深入学习贯彻习近平总书记关于"三农"工作的重要论述，全面贯彻党的十九届四中全会精神，把制度建设和治理能力建设摆在"三农"工作更加突出位置，稳定农村基本政策，完善新时代"三农"工作制度框架和政策体系。认真落实《中国共产党农村工作条例》，加强党对"三农"工作的全面领导，坚持农业农村优先发展，强化五级书记抓乡村振兴责任，落实县委书记主要精力抓“三农”工作要求，加强党委农村工作机构建设，大力培养懂农业、爱农村、爱农民的“三农”工作队伍，提高农村干部待遇。坚持从农村实际出发，因地制宜，尊重农民意愿，尽力而为、量力而行，把当务之急的事一件一件解决好，力戒形式主义、官僚主义，防止政策执行简单化和“一刀切”。把党的十九大以来“三农”政策贯彻落实情况作为中央巡视重要内容。

让我们更加紧密地团结在以习近平同志为核心的党中央周围，坚定信心、锐意进取，埋头苦干、扎实工作，坚决打赢脱贫攻坚战，加快补上全面小康“三农”领域突出短板，为决胜全面建成小康社会、实现第一个百年奋斗目标作出应有的贡献！